高等职业教育铁道交通运营管理专业校企合作系列教材
高等职业教育"十三五"规划教材——轨道交通类

接发列车作业实训教程

主　编　赖晓燕

副主编　王金香　赵明丽

主　审　孙宝龙

西南交通大学出版社
·成都·

图书在版编目（CIP）数据

接发列车作业实训教程／赖晓燕主编. —成都：西南交通大学出版社，2015.9（2020.1 重印）
高等职业教育铁道交通运营管理专业校企合作系列教材　高等职业教育"十三五"规划教材. 轨道交通类
ISBN 978-7-5643-4299-9

Ⅰ. ①接… Ⅱ. ①赖… Ⅲ. ①铁路车站–车站作业–高等职业教育–教材 Ⅳ. ①U292.15

中国版本图书馆 CIP 数据核字（2015）第 222844 号

高等职业教育铁道交通运营管理专业校企合作系列教材
高等职业教育"十三五"规划教材——轨道交通类

接发列车作业实训教程
主编　赖晓燕

责任编辑	周　杨
封面设计	墨创文化
出版发行	西南交通大学出版社 （四川省成都市金牛区二环路北一段 111 号 西南交通大学创新大厦 21 楼）
发行部电话	028-87600564　028-87600533
邮政编码	610031
网　　址	http://www.xnjdcbs.com
印　　刷	成都中永印务有限责任公司
成品尺寸	185 mm × 260 mm
印　　张	7.75
插　　页	1
字　　数	184 千
版　　次	2015 年 9 月第 1 版
印　　次	2020 年 1 月第 3 次
书　　号	ISBN 978-7-5643-4299-9
定　　价	22.00 元

课件咨询电话：028-81435775
图书如有印装质量问题　本社负责退换
版权所有　盗版必究　举报电话：028-87600562

前　言

"接发列车作业"是高职院校铁道交通运营管理专业的核心课程，旨在培养具有组织实现列车运行的组织指挥人才。本书是"接发列车作业"课程配套的实训教材。

本书通过设置三个实训项目，十二个任务，训练学生在正常情况下接发列车作业和非正常情况下接发列车作业的能力。

本书中的实训内容以天津铁道职业技术学院接发列车综合实训室的设备为基础。该实训室设置有三个车站，光明站为6502电气集中联锁车站，滨海站与和平站为计算机联锁车站，三个站均设信号员。三个车站构成闭合的环状线路，光明站与滨海站之间为单线半自动闭塞，滨海站与和平站之间为双线三显示自动闭塞，和平站与光明站之间为双线四显示自动闭塞。滨海站往光明站方向为上行。本书末尾附有三个车站的站场示意图，以方便读者练习。

本书编写分工为：赖晓燕编写实训项目一、实训项目二、实训项目三任务一、任务二；王金香编写实训项目三任务三、任务四、任务五；赵明丽编写实训项目三任务六。本书由北京铁路局南仓站副站长孙宝龙主审。

编　者
2015年8月

目 录

实训项目 1　接发列车基本操作 ·· 1
　　任务 1　办理接发列车进路 ·· 1
　　任务 2　显示接发车手信号 ·· 6
实训项目 2　正常情况下接发列车作业 ·· 11
　　任务 1　双线自动闭塞接车作业 ··· 11
　　任务 2　双线自动闭塞发车作业 ··· 16
　　任务 3　单双线半自动闭塞接车作业 ·· 21
　　任务 4　单双线半自动闭塞发车作业 ·· 28
实训项目 3　非正常情况下接发列车作业 ·· 34
　　任务 1　道岔或轨道电路故障接车作业 ·· 34
　　任务 2　道岔或轨道电路故障发车作业 ·· 68
　　任务 3　进站信号机故障接车作业 ·· 85
　　任务 4　出站信号机故障发车作业 ·· 97
　　任务 5　双线反方向或改按单线接车作业 ··· 103
　　任务 6　双线反方向发车作业 ·· 109
参考资料 ·· 114
附　图 ·· 115

实训项目 1

接发列车基本操作

本项目包含了两个实训任务：任务一，办理接发列车进路；任务二，显示接发车手信号。

进路是列车在车站内安全运行的关键，把控好"进路关"对于接发列车的安全非常重要。车站行车人员在办理接发列车工作中如果发生了"错办进路"，就有可能导致挤岔、开错方向、脱轨，甚至发生列车冲突事故。因此，在本实训项目中，将对学生办理接发列车进路进行实训，包括办理基本进路和变通进路的实训，严控学生在"进路关"环节中发生安全事故。

接发列车作业中，一般由车站值班员布置进路、开放信号；信号员和扳道员负责准备进路；助理值班员负责现场出站信号确认、开放发车表示器、手信号显示；信号员负责控制台上信号确认、开放信号；车站值班员进行指导、监督、检查。在本实训项目中，助理值班员显示接发车手信号进行实训包括了正常情况下的发车手信号、通过手信号和非正常情况下引导员的引导手信号。

任务 1　办理接发列车进路

1.1　实训目标

通过本次实训，学生应能够达到以下能力：
（1）在正常情况下使用 6502 电气集中联锁控制台办理接车进路；
（2）在正常情况下使用计算机联锁控制台办理接车进路；
（3）在正常情况下使用 6502 电气集中联锁控制台办理发车进路；
（4）在正常情况下使用计算机联锁控制台办理发车进路；
（5）在正常情况下使用 6502 电气集中联锁控制台办理通过进路；
（6）在正常情况下使用计算机联锁控制台办理通过进路；
（7）使用 6502 电气集中联锁控制台办理接车、发车和通过变通进路；
（8）使用计算机联锁控制台办理接车、发车和通过变通进路；
（9）使用 6502 电气集中联锁控制台在非正常情况下办理无联锁接车进路、无联锁发车进路；
（10）使用计算机联锁控制台在非正常情况下办理无联锁接车进路、无联锁发车进路。

1.2 实训内容

（1）使用6502电气集中联锁控制台办理正常接车进路；
（2）使用计算机联锁控制台办理正常接车进路；
（3）使用6502电气集中联锁控制台办理正常发车进路；
（4）使用计算机联锁控制台办理正常发车进路；
（5）使用6502电气集中联锁控制台办理正常通过进路；
（6）使用计算机联锁控制台办理正常通过进路；
（7）使用6502电气集中联锁控制台办理变通接车进路、变通发车进路和变通通过进路；
（8）使用计算机联锁控制台办理变通接车进路、变通发车和变通通过进路；
（9）使用6502电气集中联锁控制台办理无联锁接车进路、无联锁发车进路；
（10）使用计算机联锁控制台办理无联锁接车进路、无联锁发车进路。

1.3 实训实例

注意：
（1）操作按钮应保证可靠按下或拉出，尽量不误碰或错误操作，如出现误碰或错误操作，及时按规定使用总取消按钮解除。
（2）排列进路、转换道岔、办理闭塞操作按钮前，应确认设备状态，判断能否办理。
（3）操作按钮时，执行"一看、二按（点击）、三确认，四呼唤"及"眼看、手指、口呼"制度。

1. 使用6502电气集中联锁控制台办理正常接车进路

光明站：34567次列车进Ⅰ道、K35次列车进3道；
　　　　23456次列车进Ⅱ道、2348次列车进4道。

2. 使用计算机联锁控制台办理正常接车进路

和平站：2135次列车进Ⅰ道、K57次列车进3道、3457次列车进5道；
　　　　K24次列车进Ⅱ道、3576次列车进4道。
滨海站：4023次列车进Ⅰ道、4025次列车进3道、4027次列车进5道；
　　　　42678次列车进Ⅱ道、42676次列车进4道。

3. 使用6502电气集中联锁控制台办理正常发车进路

光明站：34567次列车Ⅰ道发车、K35次列车3道发车；
　　　　23456次列车Ⅱ道发车、2347次列车4道发车。

4. 使用计算机联锁控制台办理正常发车进路

和平站：2135 次列车Ⅰ道发车、K57 次列车 3 道发车、3457 次列车 5 道发车；
　　　　K24 次列车Ⅱ道发车、3576 次列车 4 道发车。
滨海站：4023 次列车Ⅰ道发车、4025 次列车 3 道发车、4027 次列车 5 道发车；
　　　　45678 次列车Ⅱ道发车、45676 次列车 4 道发车。

5. 在正常情况下使用6502电气集中联锁控制台办理通过进路

光明站：T35 次列车通过车站；
　　　　K46 次列车通过车站。

6. 使用计算机联锁控制台办理正常通过进路

和平站：3457 次列车通过车站；
　　　　3456 次列车通过车站。
滨海站：3257 次列车通过车站；
　　　　3256 次列车通过车站。

7. 使用6502电气集中联锁控制台办理变通接车进路、变通发车进路和变通通过进路

光明站：34567 次列车进Ⅰ道、K35 次列车进 3 道；
　　　　23456 次列车进Ⅱ道、2347 次列车进 4 道。
　　　　34567 次列车Ⅰ道发车、K35 次列车 3 道发车；
　　　　23456 次列车Ⅱ道发车、2347 次列车 4 道发车。
　　　　T35 次列车通过车站；K46 次列车通过车站。

8. 使用计算机联锁控制台办理变通接车进路、变通发车和变通通过进路

和平站：2135 次列车进Ⅰ道、K57 次列车进 3 道、3457 次列车进 5 道；
　　　　K24 次列车进Ⅱ道、3576 次列车进 4 道。
　　　　2135 次列车Ⅰ道发车、K57 次列车 3 道发车、3457 次列车 5 道发车；
　　　　K24 次列车Ⅱ道发车、3576 次列车 4 道发车。
　　　　3457 次列车通过车站；3456 次列车通过车站。
滨海站：4023 次列车进Ⅰ道、4025 次列车进 3 道、4027 次列车进 5 道；
　　　　45678 次列车进Ⅱ道、45676 次列车进 4 道。
　　　　4023 次列车Ⅰ道发车、4025 次列车 3 道发车、4027 次列车 5 道发车；
　　　　45678 次列车Ⅱ道发车、45676 次列车 4 道发车。
　　　　3257 次列车通过车站；3256 次列车通过车站。

9. 使用6502电气集中联锁控制台办理无联锁接车进路、无联锁发车进路

光明站：34567次列车进Ⅰ道、K35次列车进3道；

　　　　23456次列车进Ⅱ道、2347次列车进4道。

　　　　34567次列车Ⅰ道发车、K35次列车3道发车；

　　　　23456次列车Ⅱ道发车、2348次列车4道发车。

10. 使用计算机联锁控制台办理无联锁接车进路、无联锁发车进路

和平站：2135次列车进Ⅰ道、K57次列车进3道、3457次列车进5道；

　　　　K24次列车进Ⅱ道、3576次列车进4道。

　　　　2135次列车Ⅰ道发车、K57次列车3道发车、3457次列车5道发车；

　　　　K24次列车Ⅱ道发车、3576次列车4道发车。

滨海站：4023次列车进Ⅰ道、4025次列车进3道、4027次列车进5道；

　　　　45678次列车进Ⅱ道、45676次列车进4道。

　　　　123次列车Ⅰ道发车、125次列车3道发车、127次列车5道发车；

　　　　45678次列车Ⅱ道发车、45676次列车4道发车。

1.4　实训相关知识

1. 进路的概念

在站内，列车、机车或调车车列由一个地点到另一个地点所运行的经路叫作进路。进路按性质可分为列车进路和调车进路。

列车进路是指列车在站内所运行的径路，分为接车进路、发车进路和通过进路。

（1）接车进路：接入停车列车时，由进站信号机起至接车线末端计算该线有效长度的警冲标或出站信号机止的一段线路，如图1-1所示。

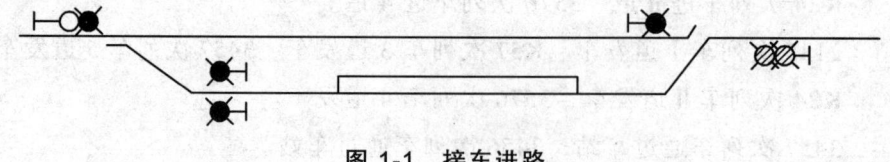

图1-1　接车进路

（2）发车进路：发出列车时，由列车前端至相对方向进站信号机或站界标止的一段线路，如图1-2所示。

（3）通过进路：列车通过时，通过进路为该列车通过线两端进站信号机或进站信号机至站界标间一段线路，如图1-3所示。

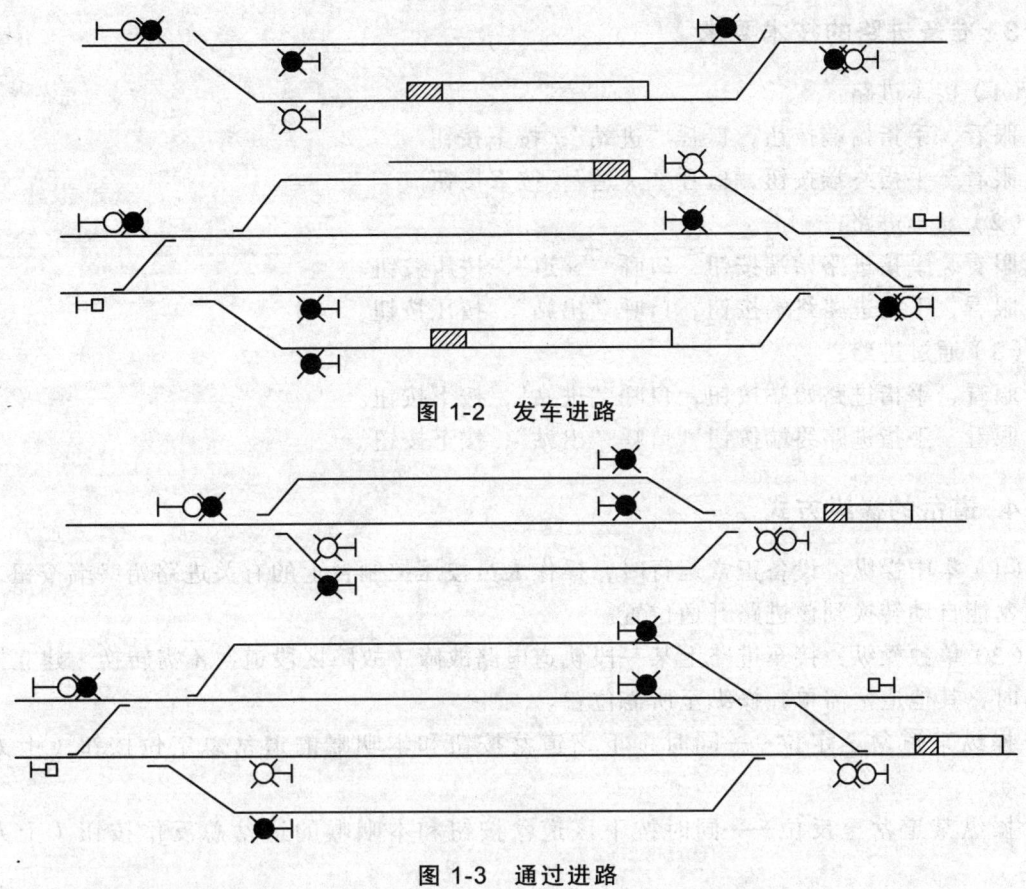

图 1-2 发车进路

图 1-3 通过进路

集中联锁设备的车站，在车站控制台上排列进路时，依次按下始端、终端按钮后所排出的一条经由道岔侧向位置最少、径路最短、较为合理的列车进路，称为基本进路。上述接车进路、发车进路和通过进路均为基本进路。基本进路以外的进路称为变通进路。

2. 列车基本进路的办理

（1）接车基本进路的办理：按列车的运行方向，顺序按压进路的始端、终端按钮。

始端按钮应是要开放的进站信号机按钮，终端按钮是和始端按钮同咽喉的股道按钮。

（2）发车基本进路的办理：按列车的运行方向，顺序按压进路的始端、终端按钮。

始端按钮应是要开放的出站信号机按钮，终端按钮是和始端按钮同咽喉的进站信号机按钮或专用的终端按钮。

（3）通过进路的办理：按列车的运行方向，顺序按压进路的始端、终端按钮。

始端按钮应是要开放的进站信号机按钮或通过按钮，终端按钮是另一咽喉的进站信号机按钮或专用的终端按钮。

（4）列车变通进路的办理。

办理列车变通进路，顺序按下始端的列车进路按钮、变通用的按钮和终端的列车进路按钮。

3. 准备进路的技术要求

（1）接车进路：

眼看、手指始端按钮，口呼"进站"，按下按钮。

眼看、手指终端按钮，口呼"×道"，按下按钮。

（2）发车进路：

眼看、手指进路始端按钮，口呼"×道"，按压铵钮。

眼看、手指进路终端按钮，口呼"出站"，按压按钮。

（3）通过进路：

眼看、手指进路始端按钮，口呼"进站"，按下按钮。

眼看、手指进路终端按钮，口呼"出站"，按下按钮。

4. 道岔的操纵方式

（1）集中操纵：设备正常运行时，操作人员按压控制台上的有关进路始终端按钮，有关道岔能自动转换到该进路开通位置。

（2）单独操纵：接车进路上某一段轨道电路故障（故障区段道岔不需转换）建立接车进路时，其他道岔需单独操纵至所需位置。

操纵某道岔至定位——同时按下该道岔按钮和本咽喉的道岔总定位按钮（上方绿灯亮）。

操纵某道岔至反位——同时按下该道岔按钮和本咽喉的道岔总反位按钮（上方黄灯亮）。

（3）手摇方式：停电、转辙机故障以及接车进路范围内轨道电路故障，而且故障区段道岔需要转换时，只能使用手摇方式转换道岔。

方法：先用钥匙打开盖，露出摇把插孔，将摇把插入插孔，摇动转辙机至所需位置，现场手摇或扳动道岔并加锁后双人确认。

任务2　显示接发车手信号

2.1　实训目标

通过本次实训，学生应能够掌握：作为办理接发车作业人员，能够确定信号开放的条件，并在规定的地点正确显示接发车手信号。

2.2　实训内容

（1）进行显示停车手信号（昼间、夜间）的演练；

（2）进行显示减速手信号（昼间、夜间）的演练；
（3）进行显示发车手信号（昼间、夜间）的演练；
（4）进行显示通过手信号（昼间、夜间）的演练；
（5）进行显示引导手信号（昼间、夜间）的演练；
（6）进行显示特定引导手信号（昼间、夜间）的演练。

2.3　实训实例

1. 显示停车手信号（昼间）

通过车站设备状态和运行计划，正确显示停车手信号。

2. 显示停车手信号（夜间）

通过车站设备状态和运行计划，正确显示停车手信号。

3. 显示减速手信号（昼间）

通过车站设备状态和运行条件，正确显示减速手信号。

4. 显示减速手信号（夜间）

通过车站设备状态和运行条件，正确显示减速手信号。

5. 进行显示发车手信号（昼间）的演练

通过车站设备状态和运行条件，确定显示发车手信号的条件，正确显示发车手信号。

6. 进行显示发车手信号（夜间）的演练

通过车站设备状态和运行条件，确定显示发车手信号的条件，正确显示发车手信号。

7. 进行显示通过手信号（昼间）的演练

通过车站设备状态和运行条件，正确显示通过手信号。

8. 进行显示通过手信号（夜间）的演练

通过车站设备状态和运行条件，正确显示通过手信号。

9. 进行显示引导手信号（昼间）的演练

通过车站设备状态和运行条件，正确显示引导手信号。

10. 进行显示引导手信号（夜间）的演练

通过车站设备状态和运行条件，正确显示引导手信号。

11. 进行显示特定引导手信号（昼间）的演练

通过车站设备状态和运行条件，正确显示特定引导手信号。

12. 进行显示特定引导手信号（夜间）的演练

通过车站设备状态和运行条件，正确显示特定引导手信号。

2.4 实训相关知识

1. 停车信号：要求列车停车

昼间——展开的红色信号旗；夜间——红色灯光（见图1-4、图1-5）。

图1-4　　　　　　　图1-5

昼间无红色信号旗时，两臂高举头上向两侧急剧摇动；夜间无红色灯光时，用白色灯光上下急剧摇动（见图1-6，图1-7）。

图1-6　　　　　　　图1-7

2. 减速信号：要求列车降低到要求的速度

昼间——展开的黄色信号旗；夜间——黄色灯光（见图1-8、图1-9）。

昼间无黄色信号旗时，用绿色信号旗下压数次；夜间无黄色灯光时，用白色或绿色灯光下压数次（见图1-10、图1-11）。

图 1-8　　　　　　　图 1-9

图 1-10　　　　　　　图 1-11

3. 发车信号：要求司机发车

昼间——展开的绿色信号旗上弧线向列车方面作圆形转动；夜间——绿色灯光上弧线向列车方面作圆形转动（见图 1-12、图 1-13）。

在设有发车表示器的车站，按发车表示器显示发车。

图 1-12　　　　　　　图 1-13

4. 通过手信号：准许列车由车站（场）通过

昼间——展开的绿色信号旗；夜间——绿色灯光（见图 1-14、图 1-15）。

图 1-14　　　　　图 1-15

5. 引导手信号：准许列车进入车场或车站

昼间——展开的黄色信号旗高举头上左右摇动；夜间——黄色灯光高举头上左右摇动（见图 1-16、图 1-17）。

图 1-16　　　　　图 1-17

6. 特定引导手信号

昼间为展开绿色信号旗高举头上左右摇动，夜间为绿色灯光高举头上左右摇动（见图 1-18、图 1-19）。

图 1-18　　　　　图 1-19

实训项目 2

正常情况下接发列车作业

任务 1　双线自动闭塞接车作业

1.1　实训目标

通过实训，学生应能够掌握：
（1）作为参与接车作业人员，在双线自动闭塞设备的条件下，正常接车作业的程序和标准是什么；
（2）能选择接入的列车车次；
（3）能确定合理的接车线路；
（4）能正确选择办理进路方法；
（5）能正确选择接车作业程序与用语；
（6）能正确操作车站 TDCS 系统填写《行车日志》。

1.2　实训内容

1. 确定接车作业标准

通过教师要求的车站、区间设备状态，确定接车作业的方法，选择接车作业标准。

2. 读懂阶段计划

能够正确选择接入的列车车次、确定合理的接车线路。

3. 进行标准的接车作业程序的办理

在办理接车作业时，一般由车站值班员组织与指挥。《技规》规定，车站值班员除布置进路（包括听取进路准备妥当的报告）必须亲自办理外，其他作业可由信号员和助理值班员承担。车站值班员进行指导、监督、检查。在实际作业中如无特殊情况，车站值班员要接受预告、布置进路、确认进路并填写《行车日志》；助理值班员要接送列车；信号员要准备进路、开放信号。

4. 检查接车作业

办理接车作业后的下一步工作就是进行对接车作业检查确认,其目的是保证接车正确,且符合列车运行计划与安全要求。

5. 撰写和提交实训工作单

任务完成后,作业人员必须撰写实训工作单,提供个人与小组考核结果。

1.3 实训实例

光明站:34567 次列车 10:08 到;
　　　　K35 次列车 10:20 到。
和平站:2135 次列车 11:20 到;
　　　　K57 次列车 11:35 到;
　　　　3457 次列车 12:00 到;
　　　　K24 次列车 12:10 到;
　　　　3576 次列车 13:07 到。
滨海站:45678 次列车 7:06 到;
　　　　45676 次列车 7:25 到。

1.4 实训相关知识

1. 双线自动闭塞接车作业程序(见图2-1)

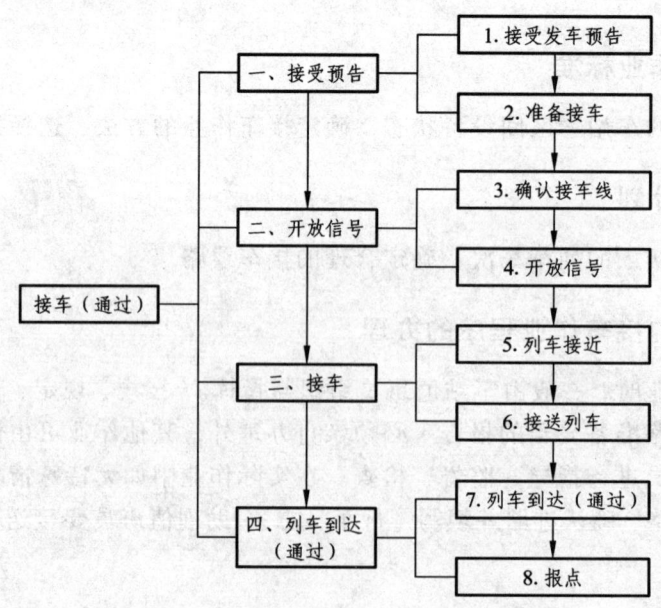

图 2-1　TB1500 接车(通过)程序

2. 接受预告

严格执行《接发列车作业标准》用语：复诵"×（次）预告"。

3. 布置与准备接车进路

车站值班员必须亲自布置和听取进路准备妥当的报告。

车站值班员应向有关助理值班员、信号员讲清车次和占用线路（接入某股道）。并在确认接车线路空闲，确认影响接车进路的调车作业已经停止后，方可下达接车进路命令。听取复诵，核对无误后，方可命令"执行"。

信号员必须按车站值班员布置的接车进路命令，正确及时地准备进路、开放进站信号机。

4. 开放进站信号机

确认光带、信号显示正确，口呼"信号好（了）"。

集中联锁车站的进站、进路、出站信号机，设有轨道电路的线路所通过信号机及自动闭塞区段的通过信号机，由于轨道电路的作用，当机车或车辆第一轮对越过该信号机后自动关闭。

5. 正确办理车机联控

（1）接车作业（见表2-1）。

表2-1

呼叫时机	作业用语		
	作业人	列车司机	车站值班员
自动闭塞区段，列车接近第一接近通过信号机或规定的呼叫点；半自动闭塞区段，列车在规定的呼叫点	呼叫人	××（站）××（次）接近	
	被呼叫人		××（次）××（站）×道通过（停车）
	呼叫人	××（次）×道通过（停车），司机明白	

注：1. 有两个及以上运行方向的车站，应在联控用语中增加"去××方向"。
　　2. 执行指路式行车作业的标准用语，由铁路局制定，报铁路总公司批准，并通知相关铁路局。

（2）进站作业（见表2-2）。

表2-2

呼叫时机	作业用语		
	作业人	车站值班员	列车司机
列车机外、站内停车再开或列车始发时，信号开放后	呼叫人	××（次）×道进站信号好了	
	被呼叫人		×（次）×道进站信号好了，司机明白

注：有两个及以上运行方向的车站，应在联控用语中增加"去××方向"。

6. 立岗接车

接发车人员应携带列车无线调度通信设备、持手信号旗（灯），站在规定地点接送列车，注意列车运行和货物装载状态。

7. 报 点

列车到达或通过车站后，车站值班员应立即向邻站及列车调度员报点，填写《行车日志》（或 TDCS 系统报点按有关规定办理）。

8. 接车（通过）作业表1（双线自动闭塞集中联锁设备TB1500.1）（见表2-3）

表 2-3

作业程序		岗位作业技术要求			说明事项
程序	项目	车站值班员	信号员（长）	助理值班员	
一、接受预告	1.接受发车预告	（1）接受发车站预告并复诵"×（次）预告"			列车预告后，按《站细》规定通知有关人员
		（2）填写《行车日志》			使用计算机报点系统时，填记"电子《行车日志》"
	2.准备接车	（3）按列车运行计划核对车次、时刻、命令、指示，必要时与列车调度员联系			
		（4）确定接车线			
		（5）通知信号员（长）"×（次）预告"，并听取复诵	（1）复诵"×（次）预告"		
二、开放信号	3.确认接车线	（6）复诵发车站开车通知"×（次）、（×点）×（分）开（通过）"			
		（7）填写《行车日志》			使用计算机报点系统时，填记"电子《行车日志》"
		（8）通知信号员（长）、助理值班员"×（次）开过来（了），×道停车（通过或到开）"，并听取复诵	（2）复诵"×（次）开过来（了），×道停车（通过或到开）"，并填写占线板（簿）	（1）复诵"×（次）开过来（了），×道停车（通过或到开）"，并填写占线板（簿）	
		（9）按《站细》规定通知有关人员			

续表2-3

作业程序		岗位作业技术要求			说明事项
程序	项目	车站值班员	信号员（长）	助理值班员	
二、开放信号	3.确认接车线	（10）确认接车线路空闲			
		（11）通知信号员（长）"停止影响进路的调车作业"，并听取报告	（3）复诵"停止影响进路的调车作业"。确认停止后，报告："影响进路的调车作业已停止"		停止调车作业时机，按《站细》规定。无影响进路的调车作业时，此项作业省略
	4.开放信号	（12）通知信号员（长）"×（次）、×道停车（通过），开放信号"。听取复诵无误后，命令"执行"	（4）复诵"×（次）、×道停车（通过），开放信号"		列车通过时，应办理有关发车作业程序
		（13）确认信号正确，应答"×道进站信号好（了）"[通过时，应答"×道进、出站信号好（了）"]	（5）开放进站信号，口呼"进站"，按下始端按钮；口呼"×道"（正线通过时，口呼"出站"），按下终端按钮。确认光带、信号显示正确，口呼"信号好（了）"		
三、接车	5.列车接近		（6）通过控制台监视信号及进路表示		
		（14）再次确认信号正确，应答"×（次）接近"	（7）第二（三）接近铃响、光带变红，再次确认信号开放正确，口呼"×（次）接近"		计算机联锁设备的接近铃响为语音提示
		（15）通知助理值班员"×（次）接近，×道接车"，并听取复诵		（2）复诵"×（次）接近，×道接车"	动车组、特快旅客列车的通知接车时机，按《站细》规定
	6.接送列车			（3）到《站细》规定地点接车。接通过列车时，眼看、手指出站信号，确认信号开放正确，口呼"×道出站信号好（了）"	

续表 2-3

作业程序		岗位作业技术要求			说明事项
程序	项目	车站值班员	信号员（长）	助理值班员	
四、列车到达（通过）	7.列车到达（通过）		（8）通过控制台监视进路、信号及列车进（出）站	（4）监视列车进站，于列车停妥后返回。通过列车，于列车尾部越过接车地点，确认列车尾部标志后返回	
		（16）应答"好（了）"	（9）通过控制台确认列车整列进入（通过）接车线，口呼"×（次）到达（通过）"		
		（17）对通过列车通知接车站"×（次）、（×点）×（分）通过"，并听取复诵			
		（18）填写《行车日志》	（10）对通过列车擦（划）掉占线板（簿）记载	（5）对通过列车擦（划）掉占线板（簿）记载	使用计算机报点系统时，填记"电子《行车日志》"
	8.报点	（19）向列车调度员报点"×（站）报点，×（次）、（×点）×（分）到（通过）"			使用计算机报点系统时，通过系统报点

任务 2　双线自动闭塞发车作业

2.1　实训目标

通过实训，学生应能够掌握：

（1）作为参与发车作业人员，在双线自动闭塞设备的条件下，正常发车作业的程序和标准是什么；

（2）能选择发出的列车车次；

（3）能确定合理的发车方向；

（4）能够正确判断发车条件；

（5）能正确选择办理进路方法；

（6）能正确选择发车作业程序与用语；

（7）能正确操作车站 TDCS 系统填写《行车日志》。

2.2 实训内容

1. 确定发车作业标准

通过教师要求的车站、区间设备状态,确定发车作业的方法,选择发车作业标准。

2. 读懂阶段计划

能够正确选择发出的列车车次、确定合理的发车方向。

3. 进行标准的发车作业程序的办理

在办理发车作业时,一般由车站值班员组织与指挥。《技规》规定,车站值班员除布置进路(包括听取进路准备妥当的报告)必须亲自办理外,其他作业可由信号员和扳道员(助理值班员)承担。车站值班员进行指导、监督、检查。在实际作业中如无特殊情况,车站值班员要发车预告、布置进路、确认进路、通知发车时刻并填写《行车日志》;助理值班员要指示发车或发车;信号员要准备进路、开放信号。

4. 检查发车作业

办理发车作业后的下一步工作就是进行对发车作业检查确认,其目的是保证发车正确,且符合列车运行计划与安全要求。

5. 撰写和提交实训工作单

任务完成后,作业人员必须撰写实训工作单,提供个人与小组考核结果。

2.3 实训实例

光明站:Ⅱ道停有 23456 次列车,15:00 发;
　　　　4 道停有 2348 次列车,5:20 发。
和平站:Ⅰ道停有 2135 次列车,8:02 发;
　　　　3 道停有 K57 次列车,8:23 发;
　　　　5 道停有 3457 次列车,9:06 发;
　　　　Ⅱ道停有 K24 次列车,10:03 发;
　　　　4 道停有 3576 次列车,11:05 发。
滨海站:Ⅰ道停有 4023 次列车,15:30 发;
　　　　3 道停有 4025 次列车,15:50 发;
　　　　5 道停有 4027 次列车,16:30 发;

2.4 实训相关知识

1. 双线自动闭塞发车作业程序（见图2-2）

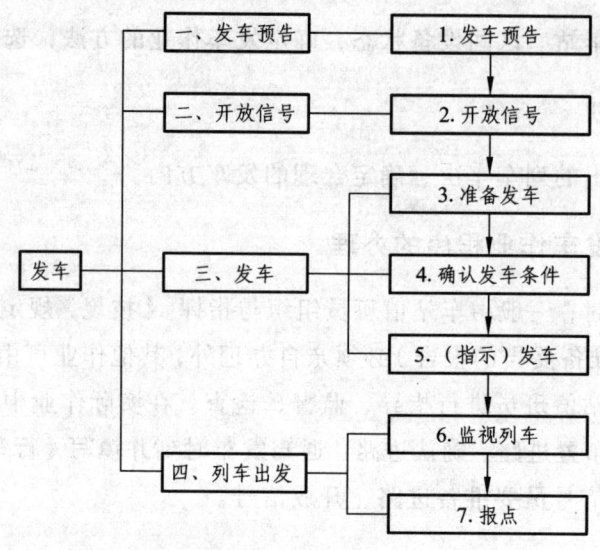

图 2-2 发车程序

2. 确定发出的列车车次

（1）读懂列车运行计划。

发车作业是指发车站从向邻站请求发车（双线为预告发车）时起至列车全部开出站界，并办完有关作业为止的一段时间内所办理的全部作业。

接收运行计划并核对运行计划是发车站发车之前必须认真核对确认的，以确保发出列车车次无误。

（2）确定发车方向。

发车作业时车站值班员应向有关人员讲清车次和占用线路（由某股道出发）。如果车站一端有两个及其以上列车运行方向或双线反方向行车时，还应讲清方向、运行线路，以保证列车不会开往异向。

3. 发车预告

（1）办理发车预告前，必须认真确认第一离去空闲。

（2）办理发车预告时，车次必须准确清晰。遇有超长、超限列车，单机挂车及列尾装置灯光熄灭的列车，应通知接车站。

（3）办理发车预告时，用语必须准确完整。

4. 布置与准备发车进路

车站值班员必须亲自布置和听取进路准备妥当的报告。

（1）车站值班员应向有关人员讲清车次和占用线路（由某股道出发）。

（2）用语："×（次）×道发车，开放信号"。
（3）听取复诵无误后，命令"执行"。
（4）信号员必须按车站值班员布置的发车进路命令，正确及时地准备进路、开放出站信号机。

5. 开放出站信号机

使用自动闭塞法行车时，列车进入闭塞分区的行车凭证为出站或通过信号机的黄色灯光、绿黄色灯光或绿色灯光。

开放时机根据出站信号机开放后至列车起动前办理全部作业所需的时间确定。

（1）助理值班员确认出站信号机的开放状态、显示发车信号。
（2）司机确认发车信号、出站信号以及起动列车。

信号员必须按车站值班员布置的发车进路命令，正确及时地准备发车进路、开放出站信号机，确认光带、信号显示正确，口呼"信号好（了）"。

6. 正确办理车机联控

列车站内停车再开或列车始发时，信号机开放后的车机联控程式序及用语见表2-4。

表 2-4

呼叫时机	作业用语		
	作业人	车站值班员	列车司机
列车站内停车再开或列车始发时，信号机开放后	呼叫人	××（次）×道出站信号好了	
	被呼叫人		××（次）×道出站信号好了，司机明白

注：有两个及以上运行方向的车站，应在联控用语中增加"去××方向"。

7. 发 车

《技规》第362条动车组以外的列车在发车前，有关人员应做到：

（1）发车进路准备妥当，行车凭证已交付，出站（进路）信号机已开放，发车条件完备后，车站值班员（助理值班员）方可显示发车信号。
（2）司机必须确认行车凭证及发车信号显示正确后，方可起动列车。
（3）语音记录装置良好的车站，准许使用列车无线调度通信设备发车。

发车人员应携带列车无线调度通信设备、持手信号旗（灯），在《站细》规定的地点立岗送车。注意列车运行和货物装载状态，发现车辆燃轴、抱闸、制动梁脱落、货物窜动或倾斜、倒塌等及行车安全时，要立即采取措施。

8. 报 点

（1）确定列车发车时刻。

① 出发时刻，以列车机车向前进方向起动，列车在站界内（场界内）不再停车为准；
② 列车全部发出站界后，因故退回车站再次出发时，则以第一次出发时刻为准；
③ 在分界站向邻局出发时，则以最后发出时刻为准。
（2）报点：列车出发后，车站值班员应立即向邻站及列车调度员报点。
（3）填写《行车日志》（或TDCS系统报点按有关规定办理）。

9. 发车标准程序（见表2-5）

表 2-5 双线自动闭塞集中联锁设备TB1500.1

作业程序		岗位作业技术要求			说明事项
程序	项目	车站值班员	信号员（长）	助理值班员	
一、发车预告	1.发车预告	（1）向接车站发出"×（次）预告"，并听取复诵			
		（2）填写《行车日志》			使用计算机报点系统时，填记"电子《行车日志》"
二、开放信号	2.开放信号	（3）通知信号员（长）"停止影响进路的调车作业"，并听取报告	（1）复诵"停止影响进路的调车作业"。确认停止后，报告"影响进路的调车作业已停止"		停止调车作业时机，按《站细》规定。无影响进路的调车作业时，此项作业省略
		（4）通知信号员（长）"×（次）、×道发车，开放信号"。听取复诵无误后，命令"执行"	（2）复诵"×（次）、×道发车，开放信号"		
			（3）开放出站信号，口呼"×道"，按下始端按钮；口呼"出站"，按下终端按钮。确认光带、信号显示正确，口呼"信号好（了）"		
		（5）确认信号正确，应答"×道出站信号好（了）"			
三、发车	3.准备发车	（6）通知助理值班员"×（次）、×道发车"，并听取复诵		（1）复诵"×（次）、×道发车"	助理值班员在室外接发车时，可提前告知发车计划
	4.确认发车条件		（4）通过控制台监视信号及进路表示	（2）发车前，眼看、手指出站信号，确认信号开放正确，口呼"×道出站信号好（了）"	动车组发车时，无（2）项作业。

续表2-5

作业程序		岗位作业技术要求			说明事项
程序	项目	车站值班员	信号员（长）	助理值班员	
三、发车	4.确认发车条件			（3）确认旅客上下、行包装卸和列检作业完了	其他发车条件的确认按《站细》规定。动车组发车时，无此项作业
	5.（指示）发车			（4）按规定站在适当地点，显示发车信号（使用列车无线调度通信设备及发车表示器发车时除外）	动车组发车时，无此项作业
四、列车出发	6.监视列车	（7）列车起动，通知接车站"×（次）、（×点）×（分）开"，并听取复诵			
		（8）填写《行车日志》		（5）监视列车，于列车尾部越过发车地点，确认列车尾部标志后返回	使用计算机报点系统时，填记"电子《行车日志》"
		（9）应答"好（了）"	（5）通过控制台确认列车整列出站，口呼"×（次）出站"		
			（6）擦（划）掉占线板（簿）记载	（6）擦（划）掉占线板（簿）记载	
	7.报点	（10）向列车调度员报点"×（站）报点，×（次）、（×点）×（分）开"			使用计算机报点系统时，通过系统报点

任务3　单双线半自动闭塞接车作业

3.1　实训目标

通过实训，学生应能够掌握：

（1）作为参与接车作业人员，在单双线半自动闭塞设备的条件下，正常接车作业的程序和标准是什么；

（2）能选择接入的列车车次；

（3）能配合邻站办理闭塞；
（4）能确定合理的接车线路；
（5）能正确选择办理进路方法；
（6）能正确选择接车作业程序与用语；
（7）能正确操作车站 TDCS 系统填写《行车日志》；
（8）能正确开通区间。

3.2 实训内容

1. 确定接车作业标准

通过教师要求的车站、区间设备状态，确定接车作业的方法，选择接车作业标准。

2. 读懂阶段计划

能够正确选择接入的列车车次，确定合理的接车线路。

3. 进行标准的接车作业程序的办理

在办理接车作业时，一般由车站值班员组织与指挥。《技规》规定，车站值班员除布置进路（包括听取进路准备妥当的报告）必须亲自办理外，其他作业可由信号员和助理值班员承担。车站值班员进行指导、监督、检查。在实际作业中如无特殊情况，车站值班员要办理闭塞、布置进路、确认进路、开通区间并填写《行车日志》；助理值班员要接送列车；信号员要准备进路、开放信号。

4. 检查接车作业

办理接车作业后的下一步工作就是进行对接车作业检查确认，其目的是保证接车正确，且符合列车运行计划与安全要求。

5. 撰写和提交实训任务单

任务完成后，作业人员必须撰写实训任务单，提供个人与小组考核结果。

3.3 实训实例

光明站：23456 次列车 14:34 到；
　　　　2348 次列车 15:57 到。
滨海站：4023 次列车 12:09 到；
　　　　4025 次列车 13:07 到；
　　　　4027 次列车 14:46 到。

3.4 实训相关知识

1. 单双线半自动闭塞接车作业程序（见图2-3）

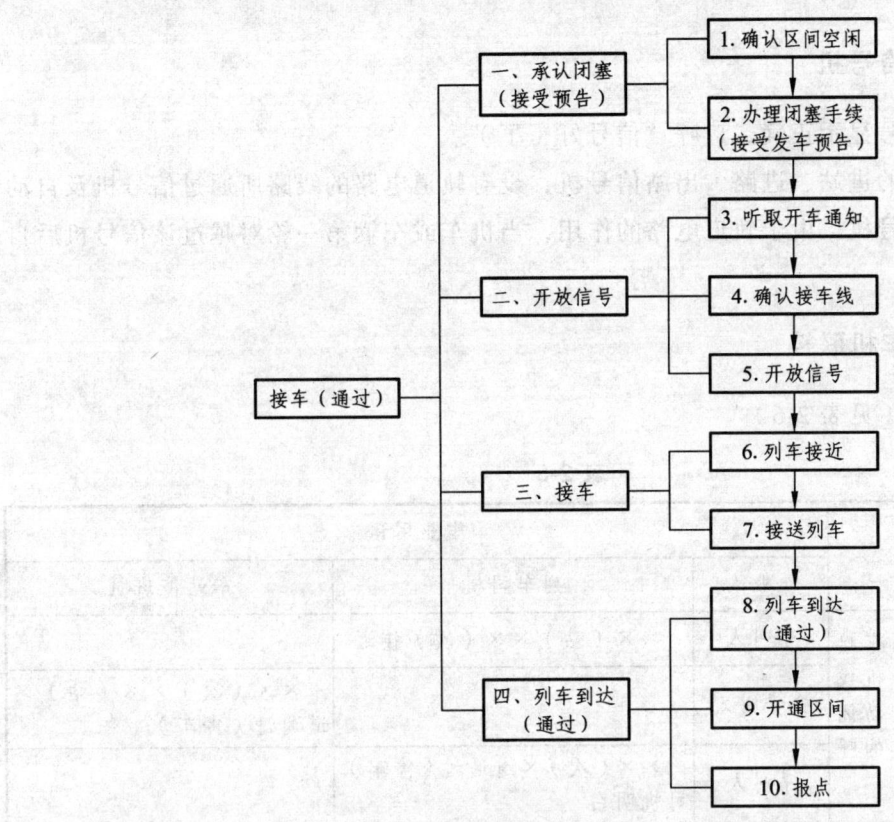

图 2-3 单双线半自动闭塞接车作业程序

2. 承认闭塞

承认闭塞前，必须确认区间空闲。

严格执行《接发列车作业标准》用语："同意×（次）闭塞"。

办理闭塞时的技术要求：

（1）一听（铃响）、二看（黄灯）、三按（闭塞按钮）、四确认（绿色灯光）；

（2）口呼"×（次）闭塞好（了）"。

办理闭塞时，必须正确操纵控制台有关按钮：接车站承认闭塞时，按压控制台按钮的时间应不少于 1 s。

3. 布置与准备接车进路

车站值班员必须亲自布置和听取进路准备妥当的报告。

车站值班员应向有关助理值班员、信号员讲清车次和占用线路（接入某股道），并在确认接车线路空闲，确认影响接车进路的调车作业已经停止后，方可下达接车进路命令。听取复诵，核对无误后，方可命令"执行"。

信号员必须按车站值班员布置的接车进路命令，正确及时地准备进路、开放进站信号机。

4. 开放进站信号机

确认光带、信号显示正确，口呼"信号好（了）"。

集中联锁车站的进站、进路、出站信号机，设有轨道电路的线路所通过信号机及自动闭塞区段的通过信号机，由于轨道电路的作用，当机车或车辆第一轮对越过该信号机后自动关闭。

5. 正确办理车机联控

（1）接车作业（见表2-6）。

表 2-6

呼叫时机	作业用语		
	作业人	列车司机	车站值班员
自动闭塞区段，列车接近第一接近通过信号机或规定的呼叫点；半自动闭塞区段，列车在规定的呼叫点	呼叫人	××（站）××（次）接近	
	被呼叫人		××（次）××（站）×道通过（停车）
	呼叫人	××（次）×道通过（停车），司机明白	

注：1. 有两个及以上运行方向的车站，应在联控用语中增加"去××方向"。
2. 执行指路式行车作业的标准用语，由铁路局制定，报铁路总公司批准，并通知相关铁路局。

（2）进站作业（见表2-7）。

表 2-7

呼叫时机	作业用语		
	作业人	车站值班员	列车司机
列车机外、站内停车再开或列车始发时，信号开放后	呼叫人	××（次）×道 进站信号好了	
	被呼叫人		×（次）×道进站信号好了，司机明白

注：有两个及以上运行方向的车站，应在联控用语中增加"去××方向"。

6. 立岗接车

接发车人员应携带列车无线调度通信设备、持手信号旗（灯），站在规定地点接送列车，注意列车运行和货物装载状态。

7. 开通区间

8. 报　点

列车到达或通过车站后，车站值班员应立即向邻站及列车调度员报点，填写《行车日志》(或 TDCS 系统报点按有关规定办理)。

9. 接车（通过）作业（单双线半自动闭塞集中联锁设备TB1500.3）（见表2-8）

表 2-8

作业程序		岗位作业技术要求			说明事项
程序	项目	车站值班员	信号员（长）	助理值班员	
一、承认闭塞（接受预告）	1.确认区间空闲	（1）听取发车站请求闭塞（双线为发车站预告）			
		（2）根据闭塞表示灯、《行车日志》及各种行车表示牌，确认区间空闲			
		（3）按列车运行计划核对车次、时刻、命令、指示			
	2.办理闭塞手续（接受发车预告）	（4）同意闭塞"同意×（次）闭塞"[双线复诵"×（次）预告"]			列车闭塞（预告）后，按《站细》规定通知有关人员
		（5）通知信号员（长）"办理×（次）闭塞"[双线"×（次）预告"]，并听取复诵	（1）复诵"办理×（次）闭塞"[双线×（次）预告"]		
		（6）应答"×（次）闭塞好（了）"	（2）一听铃响、二看黄灯、三按闭塞按钮、四确认绿色灯光，口呼"×（次）闭塞好（了）"		双线无此项作业
		（7）填写《行车日志》			使用计算机报点系统时，填记"电子《行车日志》"
		（8）必要时与列车调度员核对车次，了解列车停、通、会作业时间等			
		（9）确定接车线			
		（10）通知信号员（长）、助理值班员"×（次）、×道停车（通过或到开）"，并听取复诵	（3）复诵"×（次）、×道停车（通过或到开）"，并填写占线板（簿）	（1）复诵"×（次）、×道停车（通过或到开）"，并填写占线板（簿）	

续表 2-8

作业程序		岗位作业技术要求			说明事项
程序	项目	车站值班员	信号员（长）	助理值班员	
二、开放信号	3. 听取开车通知	（11）复诵发车站开车通知"×（次）、（×点）×（分）开（通过）"			使用计算机报点系统时，填记"电子《行车日志》"
		（12）填写《行车日志》			
		（13）通知信号员（长）及助理值班员"×（次）开过来（了）"，并听取复诵	（4）复诵"×（次）开过来（了）"	（2）复诵"×（次）开过来（了）"	
		（14）按《站细》规定通知有关人员			
	4. 确认接车线	（15）确认接车线路空闲			
		（16）通知信号员（长）"停止影响进路的调车作业"，并听取报告	（5）复诵"停止影响进路的调车作业"。确认停止后报告"影响进路的调车作业已停止"		停止调车作业时机，按《站细》规定。无影响进路的调车作业时，此项作业省略
	5. 开放信号	（17）通知信号员（长）"×(次)、×道停车(通过)，开放信号"。听取复诵无误后，命令"执行"	（6）复诵"×（次）、×道停车（通过），开放信号"		
		（18）确认信号正确，应答"×道进站信号好（了）"[通过时，应答"×道进站、出站信号好（了）"]	（7）开放进站信号，口呼"进站"，按下始端按钮；口呼"×道"（正线通过时，口呼"出站"），按下终端按钮。确认光带（表示灯）、信号显示正确，口呼"信号好（了）"		列车通过时，应办理有关发车作业程序
三、接车	6. 列车接近		（8）通过控制台监视信号及进路表示		
		（19）再次确认信号正确，应答"×（次）接近"	（9）接近铃响、光带（表示灯）变红，再次确认信号开放正确，口呼"×（次）接近"		计算机联锁设备的接近铃响为语音提示
		（20）通知助理值班员"×（次）接近，×道接车"，并听取复诵		（3）复诵"×（次）接近，×道接车"	动车组、特快旅客列车的通知接车时机，按《站细》规定

续表2-8

作业程序		岗位作业技术要求			说明事项
程序	项目	车站值班员	信号员（长）	助理值班员	
三、接车	7.接送列车			（4）到《站细》规定地点接车。接通过列车时，眼看、手指出站信号，确认信号开放正确，口呼"×道出站信号好（了）"	
四、列车到达（通过）	8.列车到达（通过）		（10）通过控制台监视进路、信号及列车进（出）站	（5）监视列车进站，于列车停妥后返回。通过列车，于列车尾部越过接车地点，确认列车尾部标志后返回	
		（21）应答"好（了）"	（11）通过控制台确认列车整列进入（通过）接车线，口呼"×（次）到达（通过）"	（6）对通过列车擦（划）掉占线板（簿）记载	
		（22）对通过列车通知接车站"×（次）、（×点）×（分）通过"，并听取复诵	（12）对通过列车擦（划）掉占线板（簿）记载		
		（23）填写《行车日志》			使用计算机报点系统时，填记"电子《行车日志》"
	9.开通区间	（24）通知信号员（长）"开通×（站）区间"，并听取复诵	（13）复诵"开通×（站）区间"		
		（25）应答"好（了）"	（14）一看闭塞表示灯、二按（拉）闭塞（复原）按钮、三确认灯光熄灭，口呼"×（站）区间开通"		

续表 2-8

作业程序		岗位作业技术要求			说明事项
程序	项目	车站值班员	信号员（长）	助理值班员	
四、列车到达（通过）	10.报点	（26）通知发车站"×（次）、（×点）×（分）到"，并听取复诵			
		（27）向列车调度员报点"×（站）报点，×（次）、（×点）×（分）到（通过）"			使用计算机报点系统时，通过系统报点

任务 4　单双线半自动闭塞发车作业

4.1　实训目标

通过实训，学生应能够掌握：

（1）作为参与发车作业人员，在单双线半自动闭塞设备的条件下，正常发车作业的程序和标准是什么；
（2）能选择发出的列车车次；
（3）能确定合理的发车方向；
（4）能与邻站正确办理闭塞；
（5）能够正确判断发车条件；
（6）能正确选择办理进路方法；
（7）能正确选择发车作业程序与用语；
（8）能正确操作车站 TDCS 系统填写《行车日志》。

4.2　实训内容

1. 确定发车作业标准

通过教师要求的车站、区间设备状态，确定发车作业的方法，选择发车作业标准。

2. 读懂阶段计划

能够正确选择发出的列车车次、确定合理的发车方向。

3. 进行标准的发车作业程序的办理

在办理发车作业时，一般由车站值班员组织与指挥。《技规》规定，车站值班员除布置进路（包括听取进路准备妥当的报告）必须亲自办理外，其他作业可由信号员和扳道员（助理值班员）承担。车站值班员进行指导、监督、检查。在实际作业中如无特殊情况，车站值班员要办理闭塞、布置进路、确认进路、通知发车时刻并填写《行车日志》；助理值班员要指示发车或发车；信号员要准备进路、开放信号。

4．检查发车作业

办理发车作业后的下一步工作就是进行对发车作业检查确认，其目的是保证发车正确，且符合列车运行计划与安全要求。

5．撰写和提交实训任务单

任务完成后，作业人员必须撰写实训任务单，提供个人与小组考核结果。

4.3 实训实例

光明站：Ⅰ道停有 34567 次列车，14:05 发；
　　　　3 道停有 K35 次列车，14:20 发；
滨海站：Ⅱ道停有 45678 次列车，16:40 发；
　　　　4 道停有 45676 次列车，17:05 发。

4.4 实训相关知识

1. 单线半自动闭塞发车作业程序（见图2-4）

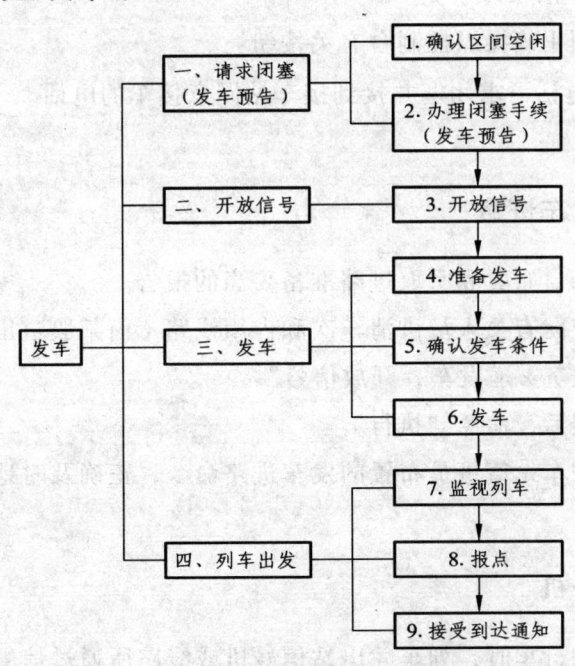

图 2-4　单线半自动闭塞发出作业程序

2. 确定发出的列车车次

（1）读懂列车运行计划。

发车作业是指发车站从向邻站请求发车（双线为预告发车）时起，至列车全部开出站界，并办完有关作业为止的一段时间内所办理的全部作业。

接收运行计划并核对运行计划是发车站发车之前必须认真核对确认的，以确保发出列车车次无误。

（2）确定发车方向。

发车作业时车站值班员应向有关人员讲清车次和占用线路（由某股道出发）。如果车站一端有两个及其以上列车运行方向或双线反方向行车时，还应讲清方向、运行线路。以保证列车不会开往异向。

3. 办理闭塞

办理闭塞前，必须确认区间空闲。

请求闭塞时，车次必须准确清晰，用语必须准确完整。

请求闭塞时，严格执行《接发列车作业标准》用语：向接车站发出"×（次）请求闭塞"，听取复诵（"×（次）闭塞"）

办理闭塞时的技术要求：

a. 一确认（区间空闲）、二按（闭塞按钮）、二听（铃响）、三看（黄灯变绿）。

b. 口呼"×（次）闭塞好（了）"。

办理闭塞时，必须正确操纵控制台有关按钮：

a. 发车站必须先电话请求闭塞并接到接车站同意接车的电话。

b. 按压闭塞按钮。

4. 布置与准备发车进路

车站值班员必须亲自布置和听取进路准备妥当的报告。

（1）车站值班员应向有关人员讲清车次和占用线路（由某股道出发）。

（2）用语"×（次）×道发车，开放信号"。

（3）听取复诵无误后，命令"执行"。

（4）信号员必须按车站值班员布置的发车进路命令，正确及时地准备进路、开放出站信号机。

5. 开放出站信号机

使用半自动闭塞法行车时，列车凭出站信号机或线路所通过信号机显示的进行信号进入区间。开放时机根据出站信号机开放后至列车起动前办理全部作业所需的时间确定。

（1）助理值班员确认出站信号机的开放状态、显示发车信号。

（2）司机确认发车信号、出站信号以及起动列车。

信号员必须按车站值班员布置的发车进路命令，正确及时地准备发车进路、开放出站信号机。确认光带、信号显示正确，口呼"信号好（了）"。

6. 正确办理车机联控

列车站内停车再开或列车始发时，信号机开放后的车机联控程式序及用语见表2-9。

表2-9

呼叫时机	作业用语		
	作业人	车站值班员	列车司机
列车站内停车再开或列车始发时，信号机开放后	呼叫人	××（次）×道出站信号好了	
	被呼叫人		××（次）×道出站信号好了，司机明白

注：有两个及以上运行方向的车站，应在联控用语中增加"去××方向"。

7. 发　车

《技规》第362条　动车组以外的列车在发车前，有关人员应做到：

（1）发车进路准备妥当，行车凭证已交付，出站（进路）信号机已开放，发车条件完备后，车站值班员（助理值班员）方可显示发车信号。

（2）司机必须确认行车凭证及发车信号显示正确后，方可起动列车。

（3）语音记录装置良好的车站，准许使用列车无线调度通信设备发车。

发车人员应携带列车无线调度通信设备、持手信号旗（灯），在《站细》规定的地点立岗送车。注意列车运行和货物装载状态，发现车辆燃轴、抱闸、制动梁脱落、货物窜动或倾斜、倒塌等及行车安全时，要立即采取措施。

8. 报　点

（1）确定列车发车时刻。

a. 出发时刻，以列车机车向前进方向起动，列车在站界内（场界内）不再停车为准。

b. 列车全部发出站界后，因故退回车站再次出发时，则以第一次出发时刻为准。

c. 在分界站向邻局出发时，则以最后发出时刻为准。

（2）报点：列车出发后，车站值班员应立即向邻站及列车调度员报点。

（3）填写《行车日志》（或TDCS系统报点按有关规定办理）。

9. 发车标准程序（见表2-10）

表 2-10　发车作业（单双线半自动闭塞集中联锁设备TB1500.3）

作业程序		岗位作业技术要求			说明事项
程序	项目	车站值班员	信号员（长）	助理值班员	
一、请求闭塞（发车预告）	1. 确认区间空闲	（1）根据闭塞表示灯、《行车日志》及各种行车表示牌，确认区间空闲			
	2. 办理闭塞手续（发车预告）	（2）请求闭塞"×（次）闭塞"[双线"×（次）预告"]			
		（3）通知信号员（长）"办理×（次）闭塞"，并听取复诵	（1）复诵"办理×（次）闭塞"		双线无此项作业
		（4）应答"×（次）闭塞好（了）"	（2）一按闭塞按钮、二听铃响、三看黄灯变绿，口呼"×（次）闭塞好（了）"		
		（5）填写《行车日志》			使用计算机报点系统时，填记"电子《行车日志》"
二、开放信号	3. 开放信号	（6）通知信号员（长）"停止影响进路的调车作业"，并听取报告	（3）复诵"停止影响进路的调车作业"。确认停止后报告"影响进路的调车作业已停止"		停止调车作业时机，按《站细》规定。无影响进路的调车作业时，此项作业省略
		（7）通知信号员（长）"×（次）、×道发车，开放信号"。听取复诵无误后，命令"执行"	（4）复诵"×（次）、×道发车，开放信号"		
		（8）确认信号正确，应答"×道出站信号好（了）"	（5）开放出站信号，口呼"×道"，按下始端按钮；口呼"出站"，按下终端按钮。确认光带（表示灯）、信号显示正确，口呼"信号好（了）"		
三、发车	4. 准备发车	（9）通知助理值班员"×（次）、×道发车"，并听取复诵		（1）复诵"×（次）、×道发车"	助理值班员在室外接发车时，可提前告知发车计划

续表 2-10

作业程序		岗 位 作 业 技 术 要 求			说明事项
程序	项目	车站值班员	信号员（长）	助理值班员	
三、发车	5.确认发车条件		（6）通过控制台监视信号及进路表示	（2）发车前，眼看、手指出站信号，确认信号开放正确，口呼"×道出站信号好（了）"	动车组发车时，无（2）项作业
				（3）确认旅客上下、行包装卸和列检作业完了	其他发车条件的确认按《站细》规定。动车组发车时，无此项作业
	6.（指示）发车			（4）按规定站在适当地点，显示发车信号（使用列车无线调度通信设备及发车表示器发车时除外）	动车组发车时，无此项作业
四、列车出发	7.监视列车	（10）列车起动，通知接车站"×（次）、（×点）×（分）开"，并听取复诵			
		（11）填写《行车日志》		（5）监视列车，于列车尾部越过发车地点，确认列车尾部标志后返回	使用计算机报点系统时，填记"电子《行车日志》"
		（12）应答"好（了）"	（7）通过控制台确认列车整列出站，口呼"×（次）出站"		
	8.报点	（13）向列车调度员报点"×（站）报点，×（次）、（×点）×（分）开"	（8）擦（划）掉占线板（簿）记载	（6）擦（划）掉占线板（簿）记载	使用计算机报点系统时，通过系统报点
	9.接受到达通知	（14）复诵接车站列车到达通知	（9）确认闭塞表示灯熄灭		
		（15）填写《行车日志》			使用计算机报点系统时，填记"电子《行车日志》"

实训项目 3

非正常情况下接发列车作业

任务 1　道岔或轨道电路故障接车作业

1.1　实训目标

通过实训，学生应能够掌握以下能力：
（1）能够确认道岔和轨道电路故障现象；
（2）能够进行道岔和轨道电路故障（包括其他设备故障）的处理程序；
（3）能够根据故障现象正确选择准备进路方法并准备进路；
（4）能够根据故障现象正确选择引导接车方法并接车；
（5）能够正确办理车机联控立岗接车；
（6）确认列车整列到达解锁接车进路。

1.2　实训内容

1. 确认道岔或轨道电路故障现象

轨道电路故障可以分为两种：无机车车辆占用亮红光带和有机车车辆占用不良红光带。在本次实训中，只针对第一种故障情况进行处理。

当从控制台发现轨道电路亮红光带，应首先派扳道员（胜任人员）现场检查，当扳道员（胜任人员）确认现场无机车车辆占用后，确定轨道电路故障。

道岔故障主要表现在道岔失去表示，在 6502 控制台上故障现象表示为道岔表示灯灭灯，在计算机联锁控制台上表示为道岔开口位置不明。

2. 进行相应的设备故障处理程序的办理

当设备故障时，有标准的设备故障处理程序。设备故障包括轨道电路故障、信号机故障、道岔故障等，当设备发生故障时，都应按照统一的标准程序进行处理。因此，在进行轨道电路故障处理程序的实训时，实际上也可以用作信号机故障、道岔故障等进行实训。故此，以后其他设备发生故障时，就不需单独再进行设备故障处理程序的实训了。

3. 设计接车方案

接车方案是指导整个实训项目实施的全盘计划，包括接车条件、接车信号、办理方式、操作地点、操作步骤、人员安排、安全要求等内容。

4. 办理接车作业

办理接车作业是实施计划与决策方案的过程。在办理道电路故障接车作业时，一般由车站值班员组织与指挥。在实际作业中如无特殊情况，车站值班员要办理闭塞、布置进路、确认进路、开通区间并填写《行车日志》；助理值班员要接送列车；信号员要准备进路、开放引导信号。车站值班员进行指导、监督、检查。

5. 确认接车作业

办理接车作业后的下一步工作就是进行对接车作业检查确认是否正确，且符合进路与安全要求。

6. 撰写和提交实训任务单

任务完成后，作业人员必须撰写实训任务单，提供个人与小组考核结果。

1.3 实训实例

1. 光明站

（1）故障情况：11:50 分，IAG 轨道电路区段无机车车辆占用亮红光带，并且该设备一时难以修复。

阶段计划：23457 次列车 12:08 分到达，3 道接车。

请办理 23457 次列车接车作业。

（2）故障情况：8:30 分，3G 无机车车辆占用亮红光带，并且该设备一时难以修复。其他到发线都有列车占用。

阶段计划：8:40 分，K35 次列车到达，3 道接车。

请办理 K35 次列车接车作业。

（3）故障情况：6:10 分，5DG 轨道电路区段无机车车辆占用亮红光带，并且该设备一时难以修复。5 号道岔在定位。

除 3 道空闲外，其他到发线都有列车占用。

阶段计划：2143 次列车 6:20 分到达，3 道接车。

请办理 2143 次列车接车作业。

（4）故障情况：7:10 分，5DG 轨道电路区段无机车车辆占用亮红光带，并且该设备一时难以修复。5号道岔在反位。

除3道空闲外,其他到发线都有列车占用。

阶段计划:43455次列车7:20分到达,3道接车。

请办理43455次列车接车作业。

(5)故障情况:8:00分,2DG轨道电路区段无机车车辆占用亮红光带,并且该设备一时难以修复。2号道岔在定位。

除4道空闲外,其他到发线都有列车占用。

阶段计划:2144次列车8:10分到达,4道接车。

请办理2144次列车接车作业。

(6)故障情况:9:00分,2DG轨道电路区段无机车车辆占用亮红光带,并且该设备一时难以修复。2号道岔在反位。

除4道空闲外,其他到发线都有列车占用。

阶段计划:2142次列车9:10分到达,4道接车。

请办理2142次列车接车作业。

(7)故障情况:7:30分,5号道岔失去定反位表示。

阶段计划:43457次列车7:35分到达,3道接车。

请办理43457次列车接车作业。

(8)故障情况:9:20分,2号道岔失去定反位表示。

阶段计划:2146次列车9:25分到达,4道接车。

请办理2142次列车接车作业。

2. 滨海站

(1)故障情况:11:50分,IIBG轨道电路区段无机车车辆占用亮红光带,并且该设备一时难以修复。

阶段计划:23458次列车12:08分到达,4道接车。

请办理23458次列车接车作业。

(2)故障情况:8:30分,4G无机车车辆占用亮红光带,并且该设备一时难以修复。其他到发线都有列车占用。

阶段计划:8:40分,K36次列车到达,4道接车。

请办理K36次列车接车作业。

(3)故障情况:6:10分,8-14DG轨道电路区段无机车车辆占用亮红光带,并且该设备一时难以修复。8号道岔、14号道岔均在定位。

阶段计划:2144次列车6:20分到达,4道接车。

请办理2144次列车接车作业。

（4）故障情况：7:10 分，8-14DG 轨道电路区段无机车车辆占用亮红光带，并且该设备一时难以修复。8 号道岔在反位。

除 4 道空闲外，其他到发线都有列车占用。

阶段计划：43456 次列车 7:20 分到达，4 道接车。

请办理 43456 次列车接车作业。

（5）故障情况：8:00 分，1DG 轨道电路区段无机车车辆占用亮红光带，并且该设备一时难以修复。1 号道岔在定位。

除 5 道空闲外，其他到发线都有列车占用。

阶段计划：2147 次列车 8:10 分到达，5 道接车。

请办理 2147 次列车接车作业。

（6）故障情况：9:00 分，1DG 轨道电路区段无机车车辆占用亮红光带，并且该设备一时难以修复。1 号道岔在反位。

除 5 道空闲外，其他到发线都有列车占用。

阶段计划：2141 次列车 9:10 分到达，5 道接车。

请办理 2141 次列车接车作业。

（7）故障情况：7:30 分，5G 无机车车辆占用亮红光带，并且该设备一时难以修复。

其他到发线都有列车占用。

阶段计划：7:40 分，K35 次列车到达，5 道接车。

请办理 K35 次列车接车作业。

（8）故障情况：8:10 分，8 号道岔失去定反位表示。

阶段计划：32144 次列车 8:20 分到达，4 道接车。

请办理 32144 次列车接车作业。

（9）故障情况：10:20 分，1 号道岔失去定反位表示。

阶段计划：42141 次列车 10:30 分到达，5 道接车。

请办理 42141 次列车接车作业。

3．和平站

（1）故障情况：10:50 分，IAG 轨道电路区段无机车车辆占用亮红光带，并且该设备一时难以修复。

阶段计划：33457 次列车 11:08 分到达，5 道接车。

请办理 33457 次列车接车作业。

（2）故障情况：8:30 分，3G 无机车车辆占用亮红光带，并且该设备一时难以修复。

其他到发线都有列车占用。

阶段计划：8:40 分，K37 次列车到达，3 道接车。

请办理 K37 次列车接车作业。

（3）故障情况：6:10 分，1-7DG 轨道电路区段无机车车辆占用亮红光带，并且该设备一时难以修复。1 号道岔、7 号道岔均在定位。

阶段计划：2343 次列车 6:20 分到达，3 道接车。

请办理 2343 次列车接车作业。

（4）故障情况：7:10 分，1-7DG 轨道电路区段无机车车辆占用亮红光带，并且该设备一时难以修复。7 号道岔在反位。

除 3 道空闲外，其他到发线都有列车占用。

阶段计划：33455 次列车 7:20 分到达，3 道接车。

请办理 33455 次列车接车作业。

（5）故障情况：11:50 分，ⅡBG 轨道电路区段无机车车辆占用亮红光带，并且该设备一时难以修复。

阶段计划：33458 次列车 12:08 分到达，4 道接车。

请办理 33458 次列车接车作业。

（6）故障情况：8:30 分，4G 无机车车辆占用亮红光带，并且该设备一时难以修复。其他到发线都有列车占用。

阶段计划：8:40 分，1236 次列车到达，4 道接车。

请办理 1236 次列车接车作业。

（7）故障情况：6:10 分，2DG 轨道电路区段无机车车辆占用亮红光带，并且该设备一时难以修复。2 号道岔在定位。

阶段计划：23144 次列车 6:20 分到达，4 道接车。

请办理 23144 次列车接车作业。

（8）故障情况：7:10 分，2DG 轨道电路区段无机车车辆占用亮红光带，并且该设备一时难以修复。2 号道岔在反位。

除 4 道空闲外，其他到发线都有列车占用。

阶段计划：45456 次列车 7:20 分到达。 4 道接车。

请办理 45456 次列车接车作业。

（9）故障情况：8:45 分，11 号道岔失去定反位表示。

阶段计划：8:52 分，33247 次列车到达，5 道接车。

请办理 33247 次列车接车作业。

（10）故障情况：10:50 分，6、8 号道岔失去定反位表示。

阶段计划：11:00 分，33246 次列车到达，4 道接车。

请办理 33246 次列车接车作业。

1.4 实训相关知识

1. 设备故障处理程序（见表3-1）

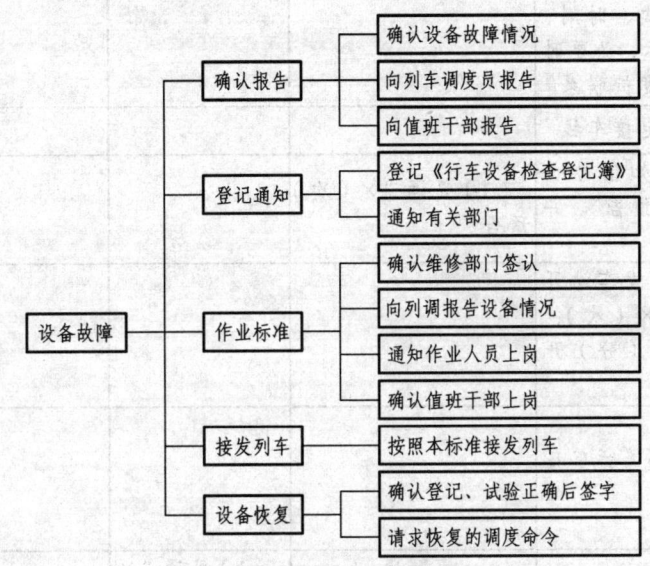

图 3-1 设备故障处理程序

2. 轨道电路故障时接车作业标准

（1）双线自动闭塞条件下。
① 进站（接车进路）信号机内方第一轨道电路区段故障（出现红光带）接车。
办理要点：
a. 抄收列车调度员发布的准许使用引导信号的调度命令；
b. 闭塞：正常；
c. 准备进路：将进路上道岔单操至所需位置，接通光带确认正确（计算机联锁确认道岔开通位置正确）后单锁；
d. 信号：引导信号。

表 3-1 进站（接车进路）信号机内方第一轨道电路区段故障接车作业程序及用语

程序	项目	车站值班员	信号员	助理值班员	扳道员（长）	备注
一、接受预告	1. 接受发车预告	（1）接受发车站预告并复诵"×（次）预告"				列车预告后，按《站细》规定通知有关人员
		（2）填写《行车日志》				使用计算机报点系统时，填记"电子《行车日志》"

39

续表 3-1

程序	项目	车站值班员	信号员	助理值班员	扳道员（长）	备注
一、接受预告	2.准备接车	（3）按列车运行计划核对车次、时刻、命令、指示，必要时与列车调度员联系				
		（4）确定接车线				
		（5）通知信号员"×（次）预告"。并听取复诵	（1）复诵"×（次）预告"			
二、准备进路开放引导信号	3.确认接车线	（6）复诵发车站开车通知"×（次）、（×点）×（分）开（通过）"				
		（7）填写《行车日志》				使用计算机报点系统时，填记"电子《行车日志》"
		（8）通知信号员、助理值班员"×（次）开过来（了），×道停车"，并听取复诵	（2）复诵"×（次）开过来（了），×道停车"，并填写占线板（簿）	（1）复诵"×（次）开过来（了），×道停车"，并填写占线板（簿）		
		（9）按《站细》规定通知有关人员				
		（10）通知信号员确认接车线路空闲"确认×道空闲"，并听取报告	（3）确认接车线路空闲后，报告"×道空闲"			
		（11）指示扳道员"×号，检查××信号机内方第一轨道区段空闲"			（1）复诵"×号，检查××信号机内方第一轨道区段空闲"	
		（12）应答"××信号机内方第一轨道区段空闲"			（2）现场检查确认后，报告"×号，××信号机内方第一轨道区段空闲"	
		（13）通知信号员"停止影响进路的调车作业"，并听取报告	（4）复诵"停止影响进路的调车作业"。确认停止后，报告"影响进路的调车作业已停止"			停止调车作业时机，按《站细》规定。无影响进路的调车作业时，此项作业省略

续表 3-1

程序	项目	车站值班员	信号员	助理值班员	扳道员（长）	备注
二、准备进路开放引导信号	4.准备进路	（14）通知信号员"×（次）、×道停车，准备进路"。听取复诵无误后，命令"执行"	（5）复诵"×（次）、×道停车,准备进路"			
		（15）确认进路正确，应答"×道接车进路好（了）"	（6）将进路上道岔单操至所需位置，接通光带确认正确（计算机联锁确认道岔开通位置正确）后单锁，口呼"×道接车进路好（了）"			
		（16）向司机转达引导接车的调度命令				
		（17）在《行车设备检查登记簿》上进行破封登记				
	5.开放引导信号	（18）通知信号员"开放×道引导信号"。并听取复诵无误后，命令"执行"	（7）复诵"开放×道引导信号"			
		（19）确认引导信号正确，应答"×道引导信号好（了）"	（8）破封并按下(点击)引导按钮，确认进路光带正确、引导信号开放后，一直按压不得松手（计算机联锁须断续点击，点击的间隔不得超过14s），口呼"×道引导信号好（了）"。确认列车头部越过进站信号机内方第一轨道电路区段后，方可松开引导按钮，关闭引导信号			
三、接车	6.列车接近		（9）通过控制台监视信号及进路表示			
		（20）再次确认信号正确，应答"×（次）接近"	（10）第二（三）接近铃响、光带变红，再次确认信号开放正确，口呼"×（次）接近"			计算机联锁设备的接近铃响为语音提示

41

续表 3-1

程序	项目	车站值班员	信号员	助理值班员	扳道员（长）	备注
三、接车	6. 列车接近	（21）通知助理值班员"×（次）接近，×道接车"，并听取复诵		（2）复诵"×（次）接近，×道接车"		
	7. 接车			（3）到《站细》规定地点接车		
四、列车到达	8. 列车到达		（11）通过控制台监视进路、信号及列车进站	（4）监视列车进站，于列车停妥后返回		
		（22）应答"好（了）"	（12）通过控制台确认列车整列进入接车线，口呼"×（次）到达"			
		（23）填写《行车日志》	（13）填写占线板（簿）	（5）填写占线板（簿）		使用计算机报点系统时，填记"电子《行车日志》"
		（24）在《行车设备检查登记簿》上进行破封登记				
		（25）通知信号员"解锁进路"	（14）复诵"解锁进路"			
		（26）确认解锁正确，应答"好（了）"	（15）按规定解锁进路后，向车站值班员报告"进路解锁好（了）"			
	9. 报点	（27）向列车调度员报点"×（站）报点，×（次）、（×点）×（分）到"				使用计算机报点系统时，通过系统报点

② 到发线无机车车辆占用而显示红光带时接车。

办理要点：

a. 抄收列车调度员发布的准许使用引导信号的调度命令；

b. 闭塞：正常；

c. 准备进路：正排调车进路后取消开放的调车信号或将进路上道岔单操至所需位置，接通光带检查确认正确（计算机联锁确认道岔开通位置正确）；

d. 信号：引导信号。

表 3-2　到发线无机车车辆占用而显示红光带时接车作业程序及用语

程序	项目	车站值班员	信号员	助理值班员	备注
一、接受预告	1. 接受发车预告	（1）接受发车站预告并复诵"×（次）预告"			列车预告后，按《站细》规定通知有关人员
		（2）填写《行车日志》			使用计算机报点系统时，填记"电子《行车日志》"
	2. 准备接车	（3）按列车运行计划核对车次、时刻、命令、指示，必要时与列车调度员联系			
		（4）确定接车线			
		（5）通知信号员"×（次）预告"，并听取复诵	（1）复诵"×（次）预告"		
二、准备进路开放引导信号		（6）通知助理值班员"×（次）预告，×道停车，检查×道"，并听取复诵		（1）复诵"×（次）预告，×道停车，检查×道"	《站细》规定需通知扳道员时按规定通知扳道员
		（7）听取报告后，应答"×道空闲"		（2）现场检查后，报告"×道空闲"	
		（8）复诵发车站开车通知"×（次）、（×点）×（分）开（通过）"			
	3. 确认接车线	（9）填写《行车日志》			使用计算机报点系统时，填记"电子《行车日志》"
		（10）通知信号员、助理值班员"×（次）开过来（了），×道停车"，并听取复诵	（2）复诵"×（次）开过来（了），×道停车"，并填写占线板(簿)	（3）复诵"×（次）开过来（了），×道停车"，并填写占线板（簿）	
		（11）按《站细》规定通知有关人员			
		（12）通知信号员"停止影响进路的调车作业"，并听取报告	（3）复诵"停止影响进路的调车作业"。确认停止后，报告"影响进路的调车作业已停止"		停止调车作业时机，按《站细》规定。无影响进路的调车作业时，此项作业省略

续表 3-2

程序	项目	车站值班员	信号员	助理值班员	备注
二、准备进路开放引导信号	4. 准备进路	（13）通知信号员"×（次）、×道停车，准备进路"。听取复诵无误后，命令"执行"	（4）复诵"×（次）、×道停车，准备进路"		
		（14）确认进路正确，应答"×道接车进路好（了）"	（5）正排调车进路后取消调车信号或将道岔单操至所需位置，接通光带确认正确（计算机联锁确认道岔开通位置正确）后，口呼"×道接车进路好（了）"		
	5. 开放引导信号	（15）向司机转达引导接车的调度命令			
		（16）在《行车设备检查登记簿》上进行破封登记			
		（17）通知信号员"开放×道引导信号"。并听取复诵无误后，命令"执行"	（6）复诵"开放×道引导信号"		
三、接车	6. 列车接近	（18）确认引导信号正确，应答"×道引导信号好（了）"	（7）破封并按下（点击）引导按钮，确认进路光带正确、引导信号开放后，口呼"×道引导信号好（了）"		计算机联锁设备的接近铃响为语音提示
			（8）通过控制台监视信号及进路表示		
		（19）再次确认信号正确，应答"×（次）接近"	（9）第二（三）接近铃响、光带变红，再次确认信号开放正确，口呼"×（次）接近"		
		（20）通知助理值班员"×（次）接近，×道接车"。并听取复诵		（4）复诵"×（次）接近，×道接车"	
	7. 接车			（5）到《站细》规定地点接车	
四、列车到达	8. 列车到达		（10）通过控制台监视进路、信号及列车进站	（6）监视列车进站，于列车停妥后返回	
		（21）应答"好（了）"	（11）通过控制台确认列车整列进入接车线，口呼"×（次）到达"		

续表 3-2

程序	项目	车站值班员	信号员	助理值班员	备注
四、列车到达	8. 列车到达	（22）填写《行车日志》	（12）填写占线板（簿）	（7）填写占线板（簿）	使用计算机报点系统时，填记"电子《行车日志》"
		（23）在《行车设备检查登记簿》上进行破封登记			
		（24）通知信号员"解锁进路"	（13）复诵"解锁进路"		
		（25）确认解锁正确后，应答"好（了）"	（14）按规定解锁进路后，向车站值班员报告"进路解锁好（了）"		
	9. 报点	（26）向列车调度员报点"×（站）报点，×（次）、（×点）×（分）到"			使用计算机报点系统时，通过系统报点

③ 部分道岔区段轨道电路故障（改变故障区段道岔位置）时接车。

办理要点：

a. 抄收列车调度员发布的准许使用引导信号的调度命令；

b. 闭塞：正常；

c. 准备进路：未故障区段内正排调车进路，取消开放的调车信号，或将进路上道岔单操至所需位置，接通光带检查确认正确（计算机联锁确认道岔开通位置正确）；故障区段内的道岔就地操纵至所需位置现场加锁；

d. 信号：引导信号。

表 3-3 部分道岔区段轨道电路故障（改变故障区段道岔位置）时接车作业程序及用语

程序	项目	车站值班员	信号员	助理值班员	扳道员（长）	备注
一、接受预告	1. 接受发车预告	（1）接受发车站预告并复诵"×（次）预告"				列车预告后，按《站细》规定通知有关人员
		（2）填写《行车日志》				使用计算机报点系统时，填记"电子《行车日志》"

续表 3-3

程序	项目	车站值班员	信号员	助理值班员	扳道员（长）	备注
一、接受预告	2.准备接车	（3）按列车运行计划核对车次、时刻、命令、指示，必要时与列车调度员联系				
		（4）确定接车线				
		（5）通知信号员"×（次）预告"。并听取复诵	（1）复诵"×（次）预告"			
二、准备进路	3.听取开车通知	（6）复诵发车站开车通知"×（次）、（×点）×（分）开（通过）"				
		（7）填写《行车日志》。				使用计算机报点系统时，填记"电子《行车日志》"
		（8）通知信号员、助理值班员、扳道员（长）"×（次）开过来（了），×道停车"，并听取复诵	（2）复诵"×（次）开过来（了），×道停车"，并填写占线板（簿）	（1）复诵"×（次）开过来（了），×道停车"，并填写占线板（簿）	（1）复诵"×（次）开过来（了），×道停车"，并填写占线板（簿）	
		（9）按《站细》规定通知有关人员				
		（10）通知扳道员（长）"×号，检查×号道岔区段空闲"			（2）复诵"×号，检查×号道岔区段空闲"	故障区段衔接到发线时，扳道员检查故障区段空闲时还应检查邻线机车车辆是否越出警冲标
		（11）听取扳道员报告后，应答"×号道岔区段空闲"			（3）现场确认后报告"×号，×号道岔区段空闲"	
	4.确认接车线	（12）通知信号员确认接车线路空闲"确认×道空闲"，并听取报告	（3）确认接车线路空闲后，报告"×道空闲"			
		（13）通知信号员"停止影响进路的调车作业"，并听取报告	（4）复诵"停止影响进路的调车作业"。确认停止后，报告："影响进路的调车作业已停止"			停止调车作业时机，按《站细》规定。无影响进路的调车作业时，此项作业省略

续表 3-3

程序	项目	车站值班员	信号员	助理值班员	扳道员（长）	备注
二、准备进路	5.准备进路	（14）通知信号员、扳道员（长）"×（次）、×道停车，准备进路"。听取复诵无误后，命令"执行"	（5）复诵"×（次）、×道停车，准备进路"		（4）复诵"×号，×（次）×道停车，准备进路"	
		（15）听取报告、确认进路正确，应答"好（了）"	（6）未故障区段内正排调车进路，确认进路正确后取消开放的调车信号，或将道岔单操至所需位置，接通光带确认进路正确（计算机联锁确认道岔开通位置正确），口呼"×道接车进路好（了）"		（5）将进路上轨道电路故障区段内道岔就地操纵至所需位置，现场加锁。双人确认位置正确后报告"×号，×道接车进路好（了）"	
三、开放引导信号	6.开放引导信号	（16）向司机转达引导接车的调度命令				
		（17）在《行车设备检查登记簿》上进行破封登记				
		（18）通知信号员"开放×道引导信号"。并听取复诵无误后，命令"执行"	（7）复诵"开放×道引导信号"			开放引导信号前确认未建立敌对进路
		（19）确认引导信号正确，应答"×道引导信号好（了）"	（8）破封并按下（点击）引导总锁闭按钮和引导按钮，确认引导信号开放后，口呼"×道引导信号好（了）"			
四、接车	7.列车接近		（9）通过控制台监视信号及进路表示			
		（20）再次确认信号正确，应答"×（次）接近"	（10）第二（三）接近铃响、光带变红，再次确认信号开放正确，口呼"×（次）接近"			计算机联锁设备的接近铃响为语音提示
		（21）通知助理值班员、扳道员（长）"×（次）接近，×道接车"。并听取复诵		（2）复诵"×（次）接近，×道接车"	（6）复诵"×号，×（次）接近，×道接车"	

续表 3-3

程序	项目	车站值班员	信号员	助理值班员	扳道员(长)	备注
四、接车	8.接车			（3）到《站细》规定地点接车	（7）站在适当地点接车	
五、列车到达	9.列车到达		（11）通过控制台监视进路、信号及列车进站	（4）监视列车进站，于列车停妥后返回	（8）监视列车进站，确认列车尾部标志。内方扳道员（长）需确认列车尾部过标后返回	
		（22）应答"好（了）"	（12）通过控制台确认列车整列进入接车线，口呼"×（次）到达"		（9）向车站值班员报告"×号，×（次）到达"	
		（23）填写《行车日志》	（13）填写占线板（簿）	（5）填写占线板（簿）		使用计算机报点系统时，填记"电子《行车日志》"
		（24）通知信号员、扳道员（长）"解锁进路"	（14）复诵"解锁进路"		（10）复诵"解锁进路"	
		（25）分别听取信号员、扳道员（长）报告，应答"好（了）"	（15）按规定解锁进路后，向车站值班员报告"进路解锁好（了）"		（11）按规定解锁进路后，向车站值班员报告"进路解锁好（了）"	连续使用同一进路接车时，道岔可不解锁
	10.报点	（26）向列车调度员报点"×（站）报点，×（次）、（×点）×（分）到"				使用计算机报点系统时，通过系统报点

④ 部分道岔区段轨道电路故障（不改变故障区段道岔位置）时接车。

办理要点：

a. 抄收列车调度员发布的准许使用引导信号的调度命令；

b. 闭塞：正常；

c. 准备进路：未故障区段正排调车进路，取消开放的调车信号或将道岔单操至所需位置，接通光带检查确认（计算机联锁确认道岔开通位置正确）；故障区段道岔确认位置正确后现场加锁；

d. 开放信号：引导信号。

表 3-4　部分道岔区段轨道电路故障（不改变故障区段道岔位置）接车作业程序及用语

程序	项目	车站值班员	信号员	助理值班员	扳道员（长）	备注
一、接受预告	1. 接受发车预告	（1）接受发车站预告并复诵"×（次）预告"				列车预告后，按《站细》规定通知有关人员
		（2）填写《行车日志》				使用计算机报点系统时，填记"电子《行车日志》"
	2. 准备接车	（3）按列车运行计划核对车次、时刻、命令、指示，必要时与列车调度员联系				
		（4）确定接车线				
		（5）通知信号员"×（次）预告"。并听取复诵	（1）复诵"×（次）预告"			
二、准备进路	3. 听取开车通知	（6）复诵发车站开车通知"×（次）、（×点）×（分）开（通过）"				
		（7）填写《行车日志》				使用计算机报点系统时，填记"电子《行车日志》"
		（8）通知信号员，助理值班员，扳道员（长）"×（次）开过来（了），×道停车"，并听取复诵	（2）复诵"×（次）开过来（了），×道停车"，并填写占线板（簿）	（1）复诵"×（次）开过来（了），×道停车"，并填写占线板（簿）	（1）复诵"×（次）开过来（了），×道停车"，并填写占线板（簿）	
		（9）按《站细》规定通知有关人员				
	4. 确认接车线	（10）指示扳道员（长）"×号，检查×号道岔区段空闲"			（2）复诵"×号，检查×号道岔区段空闲"	故障区段衔接到发线时，扳道员检查故障区段空闲时还应检查邻线机车车辆是否越出警冲标
		（11）听取扳道员（长）报告后应答"×号道岔区段空闲"			（3）现场检查后报告"×号，×号道岔区段空闲"	

续表 3-4

程序	项目	车站值班员	信号员	助理值班员	扳道员（长）	备注
二、准备进路	4. 确认接车线	（12）通知信号员"确认×道空闲"，并听取报告	（3）确认接车线路空闲后，报告"×道空闲"			
		（13）通知信号员"停止影响进路的调车作业"，并听取报告	（4）复诵"停止影响进路的调车作业"。确认停止后，报告"影响进路的调车作业已停止"			停止调车作业时机，按《站细》规定。无影响进路的调车作业时，此项作业省略
	5. 准备进路	（14）通知信号员、扳道员（长）"×（次）、×道停车，准备进路"，听取复诵无误后命令"执行"	（5）复诵"×（次）、×道停车，准备进路"		（4）复诵"×号，×（次）×道停车，准备进路"	
		（15）确认进路正确，应答"×道接车进路好（了）"	（6）未故障区段正排调车进路，确认进路正确后取消开放的调车信号，或将道岔单操至所需位置，接通光带确认进路正确（计算机联锁确认道岔开通位置正确），口呼"×道接车进路好（了）"		（5）故障区段内道岔确认位置正确后，现场加锁。双人确认位置正确后报告"×号，×道接车进路好（了）"	
三、开放引导信号	6. 开放引导信号	（16）向司机转达引导接车的调度命令				
		（17）在《行车设备检查登记簿》上进行破封登记				
		（18）通知信号员"开放×道引导信号"，听取复诵无误后，命令"执行"	（7）复诵"开放×道引导信号"			
		（19）确认引导信号正确，应答"×道引导信号好（了）"	（8）破封并按下（点击）引导按钮，确认进路光带正确，引导信号开放后，口呼"×道引导信号好（了）"			

续表 3-4

程序	项目	车站值班员	信号员	助理值班员	扳道员（长）	备注
四、接车	7.列车接近		（9）通过控制台监视信号及进路表示			
		（20）再次确认信号正确，应答"×（次）接近"	（10）第二（三）接近铃响、光带变红，再次确认信号开放正确，口呼"×（次）接近"			计算机联锁设备的接近铃响为语音提示
		（21）通知助理值班员、扳道员（长）"×号，×（次）接近，×道接车"。并听取复诵		（2）复诵"×（次）接近，×道接车"	（6）复诵"×号，×（次）接近，×道接车"	
	8.接车			（3）到《站细》规定地点接车	（7）站在适当地点接车	
五、列车到达	9.列车到达		（11）通过控制台监视进路、信号及列车进站	（4）监视列车进站，于列车停妥后返回	（8）监视列车进站，确认列车尾部标志，内方扳道员（长）需确认列车尾部过标后返回	
		（22）听取报告后，应答"好（了）"	（12）通过控制台确认列车全部进入接车线，口呼"×（次）到达"		（9）向车站值班员报告"×号，×（次）到达"	
		（23）填写《行车日志》	（13）填写占线板（簿）	（5）填写占线板（簿）	（10）填写占线板（簿）	使用计算机报点系统时，填记"电子《行车日志》"
		（24）在《行车设备检查登记簿》上进行破封登记				
		（25）通知信号员、扳道员（长）"解锁进路"	（14）复诵"解锁进路"		（11）复诵"解锁进路"	连续使用同一进路接车时，道岔可不解锁
		（26）分别听取信号员、扳道员（长）报告，应答"好（了）"	（15）按规定解锁进路后，向车站值班员报告"进路解锁好（了）"		（12）按规定解锁进路后，向车站值班员报告"进路解锁好（了）"	

续表 3-4

程序	项目	车站值班员	信号员	助理值班员	扳道员（长）	备注
五、列车到达	10.报点	（27）向列车调度员报点"×（站）报点，×（次）、（×点）×（分）到"				使用计算机报点系统时，通过系统报点

⑤ 部分道岔失去定反位表示接车。

办理要点：

 a. 抄收列车调度员发布的准许使用引导信号的调度命令；

 b. 闭塞：正常；

 c. 准备进路：未失去表示道岔，正排调车进路后取消调车信号或将进路上道岔单操至所需位置，接通光带检查确认正确（计算机联锁确认道岔开通位置正确）；失去表示的道岔现场加锁（需改变道岔位置时就地操纵至所需位置现场加锁）；

 d. 信号：引导信号。

表 3-5 部分道岔失去定反位表示接车作业程序及用语

程序	项目	车站值班员	信号员	助理值班员	扳道员（长）	备注
一、接受预告	1.接受发车预告	（1）接受发车站预告并复诵"×（次）预告"				列车预告后，按《站细》规定通知有关人员
		（2）填记《行车日志》				使用计算机报点系统时，填记"电子《行车日志》"
	2.准备接车	（3）按列车运行计划，核对车次、时刻、命令、指示，必要时和列车调度员联系				
		（4）确定接车线				
		（5）通知信号员"×（次）预告"，并听取复诵	（1）复诵"×（次）预告"			
		（6）复诵发车站开车通知"×（次）、（×点）×（分）开（通过）"				

续表 3-5

程序	项目	车站值班员	信号员	助理值班员	扳道员（长）	备注
一、接受预告	2.准备接车	（7）填写《行车日志》				使用计算机报点系统时，填记"电子《行车日志》"
		（8）通知信号员、助理值班员、扳道员（长）"×（次）开过来（了），×道停车"，并听取复诵	（2）复诵"×（次）开过来（了），×道停车"，并填写占线板（簿）	（1）复诵"×（次）开过来（了），×道停车"，并填写占线板（簿）	（1）复诵"×（次）开过来（了），×道停车"，并填写占线板（簿）	
		（9）按《站细》规定通知有关人员				
二、准备进路	3.确认接车线	（10）通知信号员"确认×道空闲"，并听取报告	（3）确认接车线路空闲后，报告"×道空闲"			
		（11）通知扳道员（长）"检查×号道岔"，并听取复诵			（2）复诵"×号，检查×号道岔"	
		（12）听取扳道员报告后，应答"好（了）"			（3）现场检查后，报告"×号，×号道岔无异状"	
	4.准备进路	（13）通知信号员、扳道员（长）"×号，停止影响进路的调车作业"，并听取报告	（4）复诵"停止影响进路的调车作业"。确认停止后，报告"影响进路的调车作业已停止"		（4）复诵"停止影响进路的调车作业"，并现场确认后，报告"×号，影响进路的调车作业已停止"	停止调车作业时机，按《站细》规定。无影响进路的调车作业时，此项作业省略
		（14）通知信号员、扳道员（长）"×号、×号、×（次）、×道停车，准备进路。"听取复诵无误后，命令"执行"	（5）复诵"×（次）、×道停车，准备进路"		（5）复诵"×号，×（次）、×道停车，准备进路"	
		（15）听取报告，确认进路正确，应答"好（了）"	（6）未失去表示道岔，正排调车进路后取消调车信号或将道岔单操至所需位置，接通光带确认正确（计算机联锁确认道岔开通位置正确）后，口呼"×道接车进路好（了）"		（6）失去表示的道岔现场加锁（需改变道岔位置时就地操纵至所需位置现场加锁），双人确认正确后报告"×号，×道接车进路好（了）"	

续表 3-5

程序	项目	车站值班员	信号员	助理值班员	扳道员（长）	备注
三、引导接车	5.开放引导信号	（16）向司机转达引导接车的调度命令				
		（17）在《行车设备检查登记簿》上进行破封登记				
		（18）通知信号员"开放×道引导信号"。听取复诵无误后命令"执行"	（7）复诵"开放×道引导信号"			开放引导信号前确认未建立敌对进路
		（19）确认引导信号正确，应答"好（了）"	（8）破封并按下（点击）引导总锁闭按钮和引导信号按钮，确认引导信号开放后，口呼"×道引导信号好（了）"			
			（9）通过控制台监视信号及进路表示。			
	6.列车接近	（20）再次确认信号正确，应答"×（次）接近"	（10）第二（三）接近铃响、光带变红，再次确认信号开放正确，口呼"×（次）接近"			
		（21）通知助理值班员"×（次）接近，×道接车"，并听取复诵		（2）复诵"（次）接近，×道接车"		
	7.接车			（3）到《站细》规定地点接车		
四、列车到达	8.列车到达		（11）通过控制台监视进路、信号及列车进站	（4）监视列车进站，于列车停妥后返回		
		（22）应答"好(了)"	（12）通过控制台确认列车整列进入接车线，口呼"×（次）到达"			
		（23）填记《行车日志》	（13）填写占线板(簿)	（5）填写占线板（簿）	（7）填写占线板（簿）	使用计算机报点系统时，填记"电子《行车日志》"

续表 3-5

程序	项目	车站值班员	信号员	助理值班员	扳道员（长）	备注
四、列车到达	8. 列车到达	（24）通知信号员、扳道员（长）"解锁进路"	（14）复诵"解锁进路"		（8）复诵"解锁进路"	连续使用同一进路接车时，道岔可不解锁
		（25）听取信号员、扳道员（长）报告，确认解锁正确后，应答"好（了）"	（15）按规定解锁进路后，向车站值班员报告"进路解锁好（了）"		（9）按规定解锁进路后，向车站值班员报告"进路解锁好（了）"	
	9. 报点	（26）向列车调度员报点"×（站）报点，×（次）、（×点）×（分）到"				使用计算机报点系统时，通过系统报点

（2）单线半自动条件下。

① 部分道岔区段轨道电路故障（不改变故障区段道岔位置）时接车。

办理要点：

a. 抄收列车调度员发布的准许使用引导信号的调度命令；

b. 闭塞：正常；

c. 准备进路：未故障区段正排调车进路，取消开放的调车信号或将道岔单操至所需位置，接通光带检查确认正确（计算机联锁确认道岔开通位置正确）；故障区段道岔确认位置正确后现场加锁；

d. 信号：引导信号。

表 3-6　部分道岔区段轨道电路故障（不改变故障区段道岔位置）时接车作业程序及用语

程序	项目	车站值班员	信号员	助理值班员	扳道员（长）	备注
一、承认闭塞	1. 确认区间空闲	（1）听取发车站请求闭塞				
		（2）根据闭塞表示灯、《行车日志》及各种行车表示牌，确认区间空闲				
		（3）按列车运行计划核对车次、时刻、命令、指示				
	2. 办理闭塞手续	（4）同意闭塞"同意×（次）闭塞"				列车闭塞后，按《站细》规定通知有关人员

续表 3-6

程序	项目	车站值班员	信号员	助理值班员	扳道员（长）	备注
一、承认闭塞	2.办理闭塞手续	（5）通知信号员"办理×（次）闭塞"，并听取复诵	（1）复诵"办理×（次）闭塞"			
		（6）应答"×（次）闭塞好（了）"	（2）一听铃响，二看黄灯、三按闭塞按钮、四确认绿色灯光，口呼"×（次）闭塞好（了）"			
		（7）填写《行车日志》				使用计算机报点系统时，填记"电子《行车日志》"
		（8）必要时与列车调度员核对车次，了解列车停、通、会作业时间等				
		（9）确定接车线				
		（10）通知信号员、助理值班员、扳道员（长）"×号，×（次）、×道停车"，并听取复诵	（3）复诵"×（次）、×道停车"，并填写占线板（簿）	（1）复诵"×（次）、×道停车"，并填写占线板（簿）	（1）复诵"×号，×（次）、×道停车"，并填写占线板（簿）	
二、准备进路	3.听取开车通知	（11）复诵发车站开车通知"×（次）、（×点）×（分）开（通过）"				
		（12）填写《行车日志》				使用计算机报点系统时，填记"电子《行车日志》"
		（13）通知信号员、助理值班员、扳道员（长）"×号，×（次）开过来（了）"，并听取复诵	（4）复诵"×（次）开过来（了）"，并填写占线板（簿）	（2）复诵"×（次）开过来（了）"，并填写占线板（簿）	（2）复诵"×号，×（次）开过来（了）"，并填写占线板（簿）	
		⒁按《站细》规定通知有关人员				

续表 3-6

程序	项目	车站值班员	信号员	助理值班员	扳道员（长）	备注
二、准备进路	4.检查接车进路	（15）通知扳道员（长）"×号，检查×号道岔区段空闲"，并听取复诵			（3）复诵"×号，检查×号道岔区段空闲"	
					（4）现场检查确认	
		（16）应答"×号道岔区段空闲"			（5）向车站值班员报告"×号，×号道岔区段空闲"	
	5.确认接车线	（17）通知信号员"确认×道空闲"，并听取报告	（5）确认接车线路空闲后，口呼"×道空闲"			
		（18）通知信号员"停止影响进路的调车作业"，并听取报告	（6）复诵"停止影响进路的调车作业"。确认停止后报告"影响进路的调车作业已停止"			停止调车作业时机，按《站细》规定。无影响进路的调车作业时，此项作业省略
	6.准备进路	（19）通知信号员、扳道员(长)"×(次)、×道停车，准备进路"。听取复诵无误后，命令"执行"	（7）复诵"×(次)、×道停车，准备进路"		（6）复诵"×号，×(次)×道停车，准备进路"	
		（20）复检确认正确后，应答"×道接车进路好（了）"	（8）未故障区段正排调车进路，确认进路正确后取消开放的调车信号，或将道岔单操至所需位置，接通光带确认进路正确(计算机联锁确认道岔开通位置正确)，口呼"×道接车进路好（了）"		（7）故障区段道岔确认位置正确后，现场加锁。双人确认位置正确后报告"×号，×道接车进路好（了）"	
三、开放引导信号	7.开放引导信号	（21）向司机转达引导接车的调度命令				
		（22）在《行车设备检查登记簿》上进行破封登记				

续表 3-6

程序	项目	车站值班员	信号员	助理值班员	扳道员（长）	备注
三、开放引导信号	7.开放引导信号	（23）通知信号员"开放×道引导信号"。听取复诵无误后，命令"执行"	（9）复诵"开放×道引导信号"			
		（24）确认引导信号正确后，应答"×道引导信号好（了）"	（10）破封并按下（点击）引导按钮，确认进路光带正确引导信号开放后，口呼"引导信号好（了）"			
四、接车	8.列车接近		（11）通过控制台监视信号及进路表示			计算机联锁设备的接近铃响为语音提示
		（25）再次确认信号正确，应答"×（次）接近"	（12）接近铃响、光带（表示灯）变红，再次确认信号开放正确，口呼"×（次）接近"			
		（26）通知助理值班员、扳道员（长）"×号，×（次）接近，×道接车"，并听取复诵		（3）复诵"×（次）接近，×道接车"	（8）复诵"×号，×（次）接近，×道接车"	
	9.接车			（4）到《站细》规定地点接车	（9）再次确认接车线路空闲，到适当地点接车	
五、列车到达	10.列车到达		（13）通过控制台监视进路、信号及列车进站	（5）监视列车，于列车尾部越过发车地点，确认列车尾部标志，按规定显示互检信号后返回	（10）监视列车进站，确认列车尾部标志.内方扳道员（长）需确认列车尾部过标后返回	
		（27）应答"好（了）"	（14）通过控制台确认列车整列进入接车线，口呼"×（次）到达"		（11）报告"×号，×（次）到达"	
		（28）填记《行车日志》	（15）填写占线板（簿）	（6）填写占线板（簿）	（12）填写占线板（簿）	使用计算机报点系统时，填记"电子《行车日志》"

续表 3-6

程序	项目	车站值班员	信号员	助理值班员	扳道员（长）	备注
五、列车到达	10. 列车到达	（29）在《行车设备检查登记簿》上进行破封登记				
		（30）通知信号员、扳道员（长）"解锁进路"	（16）复诵"解锁进路"		（13）复诵"解锁进路"	连续使用同一进路接车时，道岔可不解锁
		（31）分别听取信号员、扳道（长）报告，应答"好（了）"	（17）按规定解锁进路后，向车站值班员汇报"进路解锁好（了）"		（14）按规定解锁进路后，向车站值班员汇报"进路解锁好（了）"	
		（32）向列车调度员报点"×（站）报点，×（次）、×（点）×（分）到"				使用计算机报点系统时，通过系统报点
	11. 办理故障复原	（33）请求并抄收使用故障按钮的调度命令				
		（34）在《行车设备检查登记簿》上进行破封登记				
		（35）通知信号员"调度命令×号，办理×（站）区间故障复原"，并听取复诵	（18）复诵"调度命令×号，办理×（站）区间故障复原"			
		（36）应答"好（了）"	（19）破封使用故障按钮，办理复原后，口呼"×（站）区间复原"			
	12. 报点	（37）通知发车站"×（次）、（×点）×（分）到"，并听取复诵				

② 部分道岔区段轨道电路故障（改变故障区段道岔位置）时接车。

办理要点：

a. 抄收列车调度员发布的准许使用引导信号的调度命令；

b. 闭塞：正常；

c. 准备进路：未故障区段内正排调车进路，取消开放的调车信号，或将进路上道岔单操至所需位置，接通光带检查确认正确（计算机联锁确认道岔开通位置正确）；故障区段内的道岔就地操纵至所需位置现场加锁；

d. 信号：引导信号。

表 3-7　部分道岔区段轨道电路故障（改变故障区段道岔位置）时接车作业程序及用语

程序	项目	车站值班员	信号员	助理值班员	扳道员（长）	备注
一、承认闭塞	1.确认区间空闲	（1）听取发车站请求闭塞				
		（2）根据闭塞表示灯、《行车日志》及各种行车表示牌，确认区间空闲				
		（3）按列车运行计划核对车次、时刻、命令、指示				
		（4）同意闭塞"同意×（次）闭塞"				办理闭塞后，按《站细》规定通知有关人员
	2.办理闭塞手续	（5）通知信号员"办理×（次）闭塞"，并听取复诵	（1）复诵"办理×（次）闭塞"			
		（6）应答"×（次）闭塞好（了）"	（2）一听铃响，二看黄灯、三按闭塞按钮、四确认绿色灯光，口呼"×（次）闭塞好（了）"			
		（7）填写《行车日志》				使用计算机报点系统时填记电子《行车日志》
		（8）必要时与列车调度员核对车次，了解列车停、通、会作业时间等				

续表 3-7

程序	项目	车站值班员	信号员	助理值班员	扳道员（长）	备注
	3. 确定接车线	（9）确定接车线				
		（10）通知信号员、助理值班员、扳道员（长）"×号，×（次）、×道停车"	（3）复诵"×（次）、×道停车"，并填写占线板（簿）	（1）复诵"×（次）、×道停车"，并填写占线板（簿）	（1）复诵"×号，×（次）、×道停车"，并填写占线板（簿）	
	4. 检查接车进路	（11）通知扳道员（长）"×号，检查×号道岔区段空闲"		（2）复诵："×号，检查×号道岔区段空闲"		故障区段衔接到发线时，扳道员检查故障区段空闲时还应检查邻线机车车辆是否越出警冲标
				（3）现场检查确认		
		（12）应答"×号道岔区段空闲"		（4）向车站值班员报告"×号，×号道岔区段空闲"		
二、准备进路		（13）通知信号员"确认×道空闲"，并听取报告	（4）确认接车线路空闲后，口呼"×道空闲"			
		（14）通知信号员"停止影响进路的调车作业"，并听取报告	（5）复诵"停止影响进路的调车作业"。确认停止后报告"影响进路的调车作业已停止"			停止调车作业时机，按《站细》规定。无影响进路的调车作业时，此项作业省略
	5. 准备进路	（15）通知信号员、扳道员（长）"×号，×（次）、×道停车，准备进路"。听取复诵无误后，命令"执行"	（6）复诵"×（次）、×道停车，准备进路"		（5）复诵"×号，×（次）、×道停车，准备进路"	
		（16）听取汇报、确认进路正确后，应答"好（了）"	（7）未故障区段内正排调车进路，确认进路正确后取消开放的调车信号，或将道岔单操至所需位置，接通光带确认进路正确（计算机联锁确认道岔开通位置正确），口呼"×道接车进路好（了）"		（6）将进路上轨道电路故障区段内道岔就地操纵至所需位置，现场加锁。双人确认位置正确后报告"×号，×道接车进路好（了）"	

续表 3-7

程序	项目	车站值班员	信号员	助理值班员	扳道员（长）	备注
三、开放引导信号	6. 听取开车通知	（17）复诵发车站开车通知"×（次）、（×点）×（分）开（通过）"				
		（18）填写《行车日志》				使用计算机报点系统时，填记"电子《行车日志》"
		（19）通知信号员、助理值班员、扳道员（长）"×号，×（次）开过来（了）"，并听取复诵	（8）复诵"×（次）开过来（了）"，并填写占线板（簿）	（2）复诵"×（次）开过来（了）"，并填写占线板（簿）	（7）复诵"×号，×（次）开过来（了）"，并填写占线板（簿）	
		（20）按《站细》规定通知有关人员				
	7. 开放引导信号	（21）向司机转达引导接车的调度命令				
		（22）在《行车设备检查登记簿》上进行破封登记				
		（23）通知信号员"开放×道引导信号"。听取复诵无误后，命令"执行"	（9）复诵"开放×道引导信号"			开放引导信号前确认未建立敌对进路
		（24）确认引导信号正确后，应答"×道引导信号好（了）"	（10）破封并按下（点击）引导总锁闭按钮和引导按钮，确认引导信号开放后，口呼"引导信号好（了）"			
四、接车	8. 列车接近		（11）通过控制台监视信号及进路表示			
		（25）再次确认信号开放正确，应答"×（次）接近"	（12）接近铃响、光带（表示灯）变红，再次确认信号开放正确，口呼"×（次）接近"			计算机联锁设备的接近铃响为语音提示
	9. 接车	（26）通知助理值班员、扳道员（长）"×号，×（次）接近，×道接车"，并听取复诵		（3）复诵"×（次）接近，×道接车"	（8）复诵"×号，×（次）接近，×道接车"	

续表 3-7

程序	项目	车站值班员	信号员	助理值班员	扳道员（长）	备注
四、接车	9.接车			（4）到《站细》规定地点接车	（9）再次确认接车线路空闲，到适当地点接车	
五、列车到达	10.列车到达		（13）通过控制台监视进路、信号及列车进站。	（5）监视列车进站，于列车停妥后返回。	（10）监视列车进站，确认列车尾部标志，内方扳道员（长）需确认列车尾部过标后返回	
		（27）听取扳道员（长）、信号员报告，应答"好（了）"	（14）通过控制台确认列车整列进入接车线，口呼"×（次）到达"		（11）报告"×号，×（次）到达"	
			（15）填写占线板（簿）	（6）填写占线板（簿）	（12）填写占线板（簿）	
		（28）填记《行车日志》				使用计算机报点系统时，填记"电子《行车日志》"
	11.解锁进路	（29）通知信号员、扳道员（长）"解锁进路"	（16）复诵"解锁进路"		（13）复诵"解锁进路"	连续使用同一进路接车时，道岔可不解锁
		（30）听取信号员、扳道员（长）报告后，应答"好（了）"	（17）按规定解锁进路后，向车站值班员汇报"进路解锁好（了）"		（14）按规定解锁进路后，向车站值班员汇报"进路解锁好（了）"	
		（31）向列车调度员报点"×（站）报点，×（次）、（×点）×（分）到"				
	12.办理故障复原	（32）请求并抄收使用故障按钮的调度命令				使用计算机报点系统时，通过系统报点
		（33）在《行车设备检查登记簿》上进行破封登记				

续表 3-7

程序	项目	车站值班员	信号员	助理值班员	扳道员（长）	备注
五、列车到达	12.办理故障复原	（34）通知信号员"调度命令×号，办理×（站）区间故障复原"，并听取复诵	（18）复诵"调度命令×号，办理×（站）区间故障复原"			
		（35）应答"好（了）"	（19）破封使用故障按钮，办理复原后，口呼"×（站）区间复原"			
	13.报点	（36）通知发车站"×（次）、（×点）×（分）到"，并听取复诵				

③ 部分道岔失去定反位表示接车作业。

办理要点：

a. 抄收列车调度员发布的准许使用引导信号接车的调度命令；

b. 闭塞：正常；

c. 准备进路：未失去表示道岔，正排调车进路后取消调车信号或将进路上道岔单操至所需位置，接通光带检查确认正确（计算机联锁确认道岔开通位置正确）；失去表示的道岔现场加锁（需改变位置时就地操纵至所需位置现场加锁）；

d. 信号：引导信号。

表 3-8　部分道岔失去定反位表示接车作业程序及用语

程序	项目	车站值班员	信号员	助理值班员	扳道员（长）	引导员	备注
一、承认闭塞	1.确认区间空闲	（1）听取发车站闭塞请求					
		（2）根据闭塞表示灯、《行车日志》及各种行车表示牌，确认区间空闲					
		（3）按列车阶段运行计划核对车次、时刻、命令、指示					
	2.办理闭塞手续	（4）同意闭塞"同意×(次)闭塞"					办理闭塞后，按《站细》规定通知有关人员
		（5）通知信号员"办理×（次）闭塞"。并听取复诵	（1）复诵"办理×（次）闭塞"				

续表 3-8

程序	项目	车站值班员	信号员	助理值班员	扳道员(长)	引导员	备注
一、承认闭塞手续	2.办理闭塞手续	(6)应答"×(次)闭塞好（了）"	(2)一听铃响，二看黄灯、三按闭塞按钮、四确认绿色灯光，口呼"×(次)闭塞好（了）"				
		(7)填写《行车日志》					使用计算机报点系统时，填记"电子《行车日志》"
		(8)必要时与列车调度员核对车次，了解列车停、通、会作业时间等					
		(9)确定接车线					
		(10)通知信号员、助理值班员、扳道员(长)"×号、×(次)、×道停车"，并听取复诵	(3)复诵"×(次)、×道停车"，并填写占线板(簿)	(1)复诵"×(次)、×道停车"，并填写占线板(簿)	(1)复诵"×号，×(次)、×道停车"，并填写占线板(簿)		
二、准备进路	3.检查接车进路	(11)通知信号员"确认×道空闲"，并听取报告	(4)确认接车线路空闲后，报告"×道空闲"				
		(12)通知扳道员(长)："×号，检查×号道岔区段"			(2)复诵"×号，检查×号道岔区段"		
					(3)现场检查		
					(4)向车站值班员报告"×号，×号道岔区段无异状"		
		(13)应答"×号道岔区段无异状"					
	4.准备进路	(14)通知信号员、扳道员(长)"停止影响进路的调车作业"，并听取报告	(5)复诵"停止影响进路的调车作业"。确认停止后，报告"影响进路的调车作业已停止"		(5)复诵"×号，停止影响进路的调车作业"。确认停止后，报告"×号，影响进路的调车作业已停止"		停止调车作业时机，按《站细》规定。无影响进路的调车作业时，此项作业省略

续表 3-8

程序	项目	车站值班员	信号员	助理值班员	扳道员（长）	引导员	备注
二、准备进路	4.准备进路	（15）通知信号员、扳道员（长）"×号，×（次）、×道停车，准备进路"。听取复诵无误后，命令"执行"	（6）复诵"×（次）、×道停车，准备进路"		（6）复诵"×号，×（次）、×道停车，准备进路"		
		（16）听取报告、确认进路正确，应答"好（了）"	（7）未失去表示道岔，正排调车进路后取消调车信号或将道岔单操至所需位置，接通光带确认正确（计算机联锁确认道岔开通位置正确）后，口呼"×道接车进路好（了）"		（7）失去表示的道岔现场加锁（需改变道岔位置时就地操纵至所需位置现场加锁），双人确认正确后报告"×号，×道接车进路好（了）"		
三、开放引导信号	5.听取开车通知	（17）复诵发车站开车通知"×（次）、（×点）×（分）开"（通过）					
		（18）填写《行车日志》					使用计算机报点系统时，填记"电子《行车日志》"
		（19）通知信号员、助理值班员"×（次）开过来（了）"	（8）复诵"×（次）开过来（了）"，并填写占线板（簿）	（2）复诵"×（次）开过来（了）"，并填写占线板（簿）			
	6.开放引导信号	（20）向司机转达引导接车的调度命令					
		（21）在《行车设备检查登记簿》上进行破封登记					
		（22）通知信号员"开放×道引导信号"。听取复诵无误后，命令"执行"	（9）复诵"开放×道引导信号"				开放引导信号前确认未建立敌对进路

续表 3-8

程序	项目	车站值班员	信号员	助理值班员	扳道员（长）	引导员	备注
三、开放引导信号	6.开放引导信号	（23）确认引导信号正确后，应答"×道引导信号好（了）"	（10）破封并按下（点击）引导总锁闭按钮和引导按钮，确认信号正确，口呼"引导信号好（了）"				
四、接车	7.列车接近		（11）通过控制台监视信号及进路表示				计算机联锁设备的接近铃响为语音提示
		（24）再次确认信号正确，应答"×（次）接近"	（12）接近铃响、光带（表示灯）变红，再次确认信号开放正确，口呼"×（次）接近"				
		（25）通知助理值班员"×（次）接近，×道接车"，并听取复诵		（3）复诵"×（次）接近，×道接车"			
	8.接车			（4）再次确认接车线路空闲，到《站细》规定地点接车			
五、列车到达	9.列车到达		（13）通过控制台监视进路、信号及列车进站	（5）监视列车进站，于列车停妥后返回			
		（26）应答"好（了）"	（14）通过控制台确认列车整列进入接车线，口呼"×（次）到达"				
		（27）填写《行车日志》					使用计算机报点系统时，填记"电子《行车日志》"
			（15）填写占线板（簿）	（6）填写占线板（簿）			
		（28）通知信号员、扳道员（长）"解锁进路"	（16）复诵"解锁进路"		（8）复诵"解锁进路"		连续使用同一进路接车时，道岔可不解锁
		（29）听取信号员、扳道员（长）报告后，回答"好（了）"	（17）按规定解锁进路后，向车站值班员汇报"进路解锁好（了）"		（9）按规定解锁进路后，向车站值班员汇报"进路解锁好（了）"		

续表 3-8

程序	项目	车站值班员	信号员	助理值班员	扳道员(长)	引导员	备注
五、列车到达	10.报点	(30)向列车调度员报点"×(站)报点，×(次)、(×点)×(分)到"					使用计算机报点系统时，通过系统报点
	11.开通区间	(31)请求并抄收使用故障按钮的调度命令					
		(32)在《行车设备检查登记簿》上进行破封登记					
		(33)通知信号员"调度命令×号，办理×(站)区间故障复原"，并听取复诵	(18)复诵"调度命令×号，办理×(站)区间故障复原"				
		(34)应答"好了)"	(19)破封使用故障按钮办理故障复原。口呼"×(站)区间复原"				
		(35)通知发车站"×(次)、(×点)×(分)到"，并听取复诵					

任务 2　道岔或轨道电路故障发车作业

2.1　实训目标

通过本次实训，学生应能够达到以下能力：

（1）能够正确判断故障现象及处理故障；

（2）能够正确选择闭塞方法办理闭塞；

（3）能够正确准备无联锁发车进路；

（4）能够正确选用行车凭证并填写凭证；

（5）能够正确交付凭证；

（6）能够正确解锁发车进路。

2.2 实训内容

1. 故障分析

轨道电路故障可以分为两种：无机车车辆占用亮红光带和有机车车辆占用不良红光带。在本次实训中，只针对第一种故障情况进行处理。

当从控制台发现轨道电路亮红光带，应首先派扳道员现场检查，当扳道员确认现场无机车车辆占用后，确定轨道电路故障。

道岔故障主要表现在道岔失去表示，在 6502 控制台上故障现象表示为道岔表示灯灭灯，在计算机联锁控制台上表示为道岔开口位置不明。

2. 确定故障处理程序和选择正确的发车方法

3. 设计发车方案

发车方案是指导整个实训项目实施的全盘计划，包括列车性质、信号机状态、闭塞方法、行车凭证、办理方法、人员安排、安全要求等内容。

4. 办理发车作业

办理发车作业是实施计划与决策方案的过程。在办理轨道电路故障发车作业时，一般由车站值班员办理闭塞、布置进路、填写行车凭证；助理值班员负责现场交付凭证、开放发车表示器、手信号显示，信号员负责控制台上进路准备。车站值班员进行指导、监督、检查。

5. 确认发车作业

办理发车作业后的下一步工作就是对发车作业进行检查确认是否正确，且符合列车要求与安全要求。

6. 撰写和提交实训任务单

任务完成后，作业人员必须撰写实训任务单，提供个人与小组考核结果。

2.3 实训实例

1. 光明站

（1）故障现象：6:10 分，7DG 轨道电路区段无机车车辆占用亮红光带，并且该设备一时难以修复。7号道岔在反位。

阶段计划：4道停有 42148 次列车，6:20 开。

请办理 42148 次列车发车作业。

（2）故障现象：8:10 分，2DG 轨道电路区段无机车车辆占用亮红光带，并且该设备一时难以修复。2号道岔在定位。

阶段计划：3道停有4237次列车，8:20开。

请办理4237次列车发车作业。

（3）故障现象：7:10分，7号道岔失去表示。

阶段计划：4道停有42146次列车，7:20开。

请办理42146次列车发车作业。

（4）故障现象：9:10分，6号道岔失去表示。

阶段计划：3道停有4235次列车，9:20开。

请办理4235次列车发车作业。

2. 滨海站

（1）故障现象：7:25分，10-12DG轨道电路区段无机车车辆占用亮红光带，并且该设备一时难以修复。10号道岔在反位，12号道岔在定位。

阶段计划：5道停有23465次列车，7:40开。

请办理23465次列车发车作业。

（2）故障现象：8:30分，1DG轨道电路区段无机车车辆占用亮红光带，并且该设备一时难以修复。1号道岔在定位。

阶段计划：4道停有K46次列车，8:40开。

请办理K46次列车发车作业。

（3）故障现象：8:25分，10号道岔失去表示。

阶段计划：5道停有23467次列车，8:40开。

请办理23467次列车发车作业。

（4）故障现象：9:30分，1号道岔失去表示。

阶段计划：4道停有K48次列车，9:40开。

请办理K48次列车发车作业。

3. 光明站

（1）故障现象：8:30分，1号道岔在反位，7号道岔在定位。

阶段计划：3道停有45678次列车，7:40开。

请办理45678次列车发车作业。

（2）故障现象：8:30分，14DG轨道电路区段无机车车辆占用亮红光带，并且该设备一时难以修复。14号道岔在反位。

阶段计划：3道停有34567次列车，8:40开。

请办理34567次列车发车作业。

（3）故障现象：8:30分，5号道岔失去表示。

阶段计划：3道停有45676次列车，8:40开。

请办理45676次列车发车作业。

（4）故障现象：8:30 分，6 号道岔失去表示。

阶段计划：3 道停有 34565 次列车，8:40 开。

请办理 34565 次列车发车作业。

2.4 实训相关知识

1. 双线自动闭塞条件

① 双线自动闭塞条件下部分道岔区段轨道电路故障发车。

办理要点：

a. 闭塞：正常；

b. 准备进路：未故障区段正排调车进路或将进路上道岔单操单锁，接通光带检查确认正确（计算机联锁确认道岔开通位置正确）；故障区段道岔需改变位置时就地操纵至所需位置，确认正确后现场加锁，不改变位置时确认位置正确后现场加锁；

c. 行车凭证：绿色许可证；

d. 发给行车凭证的根据：监督器表示第一个闭塞分区空闲，不表示时为接到列车到达邻站的通知或前次列车发出后不少于 10 min 的时间。

表 3-9 部分道岔区段轨道电路故障发车作业程序及用语

程序	项目	车站值班员	信号员	助理值班员	扳道员（长）	备注
一、发车预告	1. 发车预告	（1）向接车站发出"×（次）预告"，并听取复诵				使用计算机报点系统时，填记"电子《行车日志》"
		（2）填写《行车日志》				
二、准备进路	2. 停止调车作业	（3）指示扳道员（长）"×号，检查×号道岔区段空闲"			（1）复诵"×号，检查×号道岔区段空闲"	
		（4）听取扳道员（长）报告后应答"×号道岔区段空闲"			（2）现场检查后报告"×号，×号道岔区段空闲"	
		（5）通知信号员"停止影响进路的调车作业"，并听取报告	（1）复诵"停止影响进路的调车作业"。确认停止后，报告"影响进路的调车作业已停止"			停止调车作业时机，按《站细》规定。无影响进路的调车作业时，此项作业省略

续表 3-9

程序	项目	车站值班员	信号员	助理值班员	扳道员（长）	备注
二、准备进路	3.准备进路	（6）通知信号员，扳道员（长）"×号，×（次）、×道发车去×方向，准备进路"。听取复诵无误后，命令"执行"	（2）复诵"×（次）、×道发车去×方向，准备进路"		（3）复诵"×号，×（次）、×道发车，准备进路"	《接发列车作业和管理补充规定》的通知京铁运〔2014〕626号第五条：多方向车站办理接发列车作业，接车时：方向应加在车次前；发车时方向应加在"×道"之后。列车反方向运行时用语中还应增加"反方向"
		（7）听取报告、确认进路正确，应答"好（了）"	（3）未故障区段正排调车进路，或将道岔单操至所需位置，接通光带确认进路正确（计算机联锁确认道岔开通位置正确）后锁闭，口呼"×道发车进路好（了）"		（4）确认故障区段空闲，将故障区段道岔就地操纵至所需位置（不改变位置时确认位置正确后）现场加锁，双人确认进路正确后，报告"×号，×道发车进路好（了）"	
三、准备发车	4.办理凭证	（8）通过监督器表示状态，确认发车条件				
		（9）填写绿色许可证				
		（10）与助理值班员核对绿色许可证		（1）与车站值班员核对绿色许可证		
		（11）核对正确无误后，签名并加盖站名印				
	5.准备发车	（12）将绿色许可证交助理值班员并指示"×（次）、×道发车"		（2）复诵"×（次）、×道发车"		
				（3）与扳道员（长）对道	（5）与助理值班员对道	
				（4）与司机核对绿色许可证，确认正确后交付司机		

续表 3-9

程序	项目	车站值班员	信号员	助理值班员	扳道员（长）	备注
四、发车	6. 确认发车条件		（4）通过控制台监视信号及进路表示			
				（5）确认旅客上下、行包装卸和列检作业完了		其他发车条件的确认，按《站细》规定。动车组发车时，无此项作业
	7.（指示）发车			（6）按规定站在适当地点显示发车信号（使用列车无线调度通信设备发车时除外）		使用列车无线调度通信设备发车时，必须得到助理值班员发车条件具备的报告。动车组发车时，无此项作业
五、列车出发	8. 监视列车	（13）列车起动，通知接车站"×（次）、（×点）×（分）开"，并听取复诵				
		（14）填写《行车日志》				使用计算机报点系统时，填记"电子《行车日志》"
				（7）监视列车，于列车尾部越过发车地点，确认列车尾部标志，按规定显示互检信号后返回	（6）监视列车，确认列车尾部标志，外方扳道员（长）于列车尾部越过最外方道岔后返回	
		（15）应答"好（了）"	（5）通过控制台确认列车整列出站后，口呼"×（次）出站"			信号员不能确认列车整列出站时，由扳道员确认并报告车站值班员

73

续表 3-9

程序	项目	车站值班员	信号员	助理值班员	扳道员（长）	备注
五、列车出发	8. 监视列车		（6）擦（划）掉占线板（簿）记载	（8）擦（划）掉占线板（簿）记载	（7）擦（划）掉占线板（簿）记载	
	9. 解锁进路	（16）通知信号员、扳道员（长）"解锁进路"	（7）复诵"解锁进路"		（8）复诵"解锁进路"	连续使用同一进路发出列车时，道岔可不解锁
		（17）听取信号员、扳道员（长）的报告后，应答"好（了）"	（8）按规定解锁进路后，向车站值班员报告"进路解锁好（了）"		（9）按规定解锁进路后，向车站值班员报告"进路解锁好（了）"	
	10. 报点	（18）向列车调度员报点"×（站）报点，×（次）、（×点）×（分）开"				使用计算机报点系统时，通过系统报点

② 部分道岔失去定反位表示发车。

发车条件：本情况是指发车进路上部分道岔故障（失去定反位表示）的条件下发出列车。

办理要点：

a. 闭塞：正常；

b. 准备进路：未失去表示道岔正排调车进路或将进路上道岔单操至所需位置，接通光带检查确认正确（计算机联锁确认道岔开通位置正确）后单锁；失去表示的道岔现场加锁（需改变道岔位置时就地操纵至所需位置现场加锁）；

c. 行车凭证：绿色许可证；

d. 发给行车凭证的根据：三显示区段为监督器表示两个或第一个闭塞分区空闲（办理特快旅客列车通过必须两个闭塞分区空闲），不表示时为接到列车到达邻站的通知或前次列车发出后不少于 10 min 的时间；四显示区段为监督器表示第一、二个或第一个闭塞分区空闲（办理特快旅客列车通过必须第一、二个闭塞分区空闲），不表示时为接到列车到达邻站的通知或前次列车发出后不少于 10 min 的时间。

表 3-10　部分道岔失去定反位表示发车作业程序及用语

程序	项目	车站值班员	信号员	助理值班员	扳道员（长）	备注
一、发车预告	1.发车预告	（1）向接车站发出预告"×（次）预告"。并听取复诵				
		（2）填写《行车日志》				使用计算机报点系统时，填记"电子《行车日志》"
二、准备进路	2.停止调车作业	（3）通知扳道员（长）"检查×号道岔"，并听取复诵			（1）复诵"×号，检查×号道岔"	
		（4）听取扳道员报告后，应答"好（了）"			（2）现场检查后，报告"×号，×号道岔无异状"	
		（5）通知信号员、扳道员（长）"停止影响进路的调车作业。"并听取报告	（1）复诵"停止影响进路的调车作业"。确认停止后，报告"影响进路的调车作业已停止"		（3）复诵"停止影响进路的调车作业"。现场确认停止后，报告"×号，影响进路的调车作业已停止"	停止调车作业时机，按《站细》规定。无影响进路的调车作业时，此项作业省略
	3.准备进路	（6）通知信号员、扳道员（长）"×（次）、×道发车，准备进路"。听取复诵无误后，命令"执行"	（2）复诵"×（次）、×道发车，准备进路"		（4）复诵"×号，×（次）、×道发车，准备进路"	
		（7）听取报告、确认进路正确，应答"好（了）"	（3）未失去表示道岔，正排调车进路或将道岔单操至所需位置，接通光带确认正确（计算机联锁确认道岔开通位置正确）后单锁，口呼"×道发车进路好（了）"		（5）失去表示的道岔现场加锁（需改变道岔位置时就地操纵至所需位置现场加锁），双人确认正确后，报告"×号，×道发车进路好（了）"	

续表 3-10

程序	项目	车站值班员	信号员	助理值班员	扳道员（长）	备注
三、发车	4. 办理凭证	（8）通过监督器表示状态，确认发车条件				
		（9）填写绿色许可证				
		（10）与助理值班员核对绿色许可证		（1）与车站值班员核对绿色许可证		
		（11）核对正确无误后，签名并加盖站名印				
	5. 准备发车	（12）将绿色许可证交助理值班员并指示"×（次）、×道发车"				
				（2）复诵："×（次）、×道发车"		
				（3）与扳道员（长）对道	（6）与助理值班员对道	
				（4）与司机核对绿色许可证确认无误后交付司机（有运转车长值乘的列车，还应通知运转车长）		
	6. 确认发车条件		（4）通过控制台监视进路及道岔表示			其他发车条件的确认，按《站细》规定。动车组发车时，无此项作业
				（5）确认旅客上下、行包装卸和列检作业完了		
	7.（指示）发车			（6）按规定站在适当地点显示发车信号或向运转车长显示发车指示信号并应依式中转发车信号（使用列车无线调度通信设备发车时除外）		使用列车无线调度通信设备发车时，必须得到助理值班员发车条件具备的报告。动车组发车时，无此项作业

续表 3-10

程序	项目	车站值班员	信号员	助理值班员	扳道员（长）	备注
四、列车出发		（13）列车起动，通知接车站"×（次）、（×点）×（分）开"，并听取复诵				
		（14）填写《行车日志》				使用计算机报点系统时，填记"电子《行车日志》"
	8. 监视列车		（7）监视列车，于列车尾部越过发车地点，确认列车尾部标志，按规定显示互检信号后返回		（7）监视列车，确认列车尾部标志，外方扳道员（长）按规定显示互检信号，于列车尾部越过最外方道岔后返回	
		（15）应答"好（了）"？	（5）通过控制台确认列车整列出站，口呼"×（次）出站"			
			（6）擦（划）掉占线板（簿）记载	（8）擦（划）掉占线板（簿）记载	（8）擦（划）掉占线板（簿）记载	
	9. 解锁进路	（16）通知信号员、扳道员（长）"解锁进路"	（7）复诵"解锁进路"		（9）复诵"解锁进路"	连续使用同一进路发车时，道岔可不解锁
		（17）听取信号员、扳道员（长）报告后，应答"好（了）"	（8）按规定解锁进路后，向车站值班员报告"进路解锁好（了）"		（10）按规定解锁进路后，向车站值班员报告"进路解锁好（了）"	
	10. 报点	（18）向列车调度员报点"×（站）报点，×（次）、（×点）×（分）开"				使用计算机报点系统时，通过系统报点

2. 单线半自动闭塞条件下

① 单线半自动闭塞条件下部分道岔区段轨道电路故障发车。

办理要点：

a. 闭塞：电话闭塞；

b. 准备进路：未故障区段正排调车进路或将进路上道岔单操单锁，接通光带检查确认正确（计算机联锁确认道岔开通位置正确）；故障区段道岔需改变位置时就地操纵至所需位置，确认正确后现场加锁，不改变位置时确认位置正确后现场加锁；

c. 行车凭证：路票；

d. 发给行车凭证的根据：抄收的列车调度员发布的停止基本闭塞法改按电话闭塞法行车的调度命令；接车站同意接车的电话记录号码。

表 3-11 部分道岔区段轨道电路故障发车作业程序及用语

程序	项目	车站值班员	信号员	助理值班员	扳道员（长）	备注
一、请求闭塞	1. 与列车调度员联系	（1）向列车调度员报告，并抄收停止基本闭塞法改按电话闭塞法行车的调度命令	（1）揭挂"闭塞机停止使用"表示牌			
	2. 确认区间空闲	（2）根据《行车日志》及各种行车表示牌，确认区间空闲				
		（3）按列车运行计划核对车次、时刻、命令、指示				
	3. 办理闭塞手续	（4）请求闭塞"×（次）闭塞"				
		（5）复诵接车站发出的电话记录				
		（6）填写《行车日志》				使用计算机报点系统时，填记"电子《行车日志》"
		（7）通知信号员"×（次）闭塞好（了）"，并听取复诵	（2）复诵"×（次）闭塞好（了）"。揭挂"区间占用"表示牌			
二、准备进路	4. 准备进路	（8）通知扳道员（长）"×号，检查×号道岔区段空闲"			（1）复诵"×号，检查×号道岔区段空闲"	
		（9）听取报告后应答"×号道岔区段空闲"			（2）现场检查确认后报告"×号，×号道岔区段空闲"	

续表 3-11

程序	项目	车站值班员	信号员	助理值班员	扳道员（长）	备注
二、准备进路	4.准备进路	（10）通知信号员、扳道员（长）"停止影响进路的调车作业"，并听取报告	（3）复诵"停止影响进路的调车作业"，确认停止后报告"影响进路的调车作业已停止"		（3）复诵"停止影响进路的调车作业"，现场确认停止后报告"×号，影响进路的调车作业已停止"	停止调车作业时机，按《站细》规定。无影响进路的调车作业时，此项作业可省略
		（11）通知信号员、扳道员（长）"×号、×（次）、×道发车，准备进路"。听取复诵无误后命令"执行"	（4）复诵"×（次）、×道发车，准备进路"		（4）复诵"×号，×（次）、×道发车，准备进路"	
		（12）听取报告、确认进路正确后，应答"好（了）"	（5）未故障区段正排调车进路，或将道岔单操至所需位置，接通光带确认进路正确（计算机联锁确认道岔开通位置正确）后锁闭，口呼"×道发车进路好（了）"		（5）确认故障区段空闲，将故障区段道岔就地操纵至所需位置（不改变位置时确认位置正确后），现场加锁，双人确认进路正确后，报告"×号，×道发车进路好（了）"	
三、准备发车	5.办理凭证	（13）核对车次、区间、电话记录号码，填写路票				
		（14）与助理值班员核对调度命令、路票		（1）与车站值班员核对调度命令、路票		
		（15）核对正确无误后，加盖站名印				
		（16）将调度命令、路票交助理值班员，指示"×（次）×道发车"，并听取复诵		（2）复诵"×（次）×道发车"		

续表 3-11

程序	项目	车站值班员	信号员	助理值班员	扳道员（长）	备注
三、准备发车	6. 交付凭证			（3）与扳道员（长）对道 （4）与司机核对路票无误后交付司机，并将调度命令交司机	（7）与助理值班员对道	
	7. 确认发车条件			（5）确认发车条件具备		
	8. 发出列车			（6）按规定站在适当地点显示发车信号（使用列车无线调度通信设备发车时除外）		使用列车无线调度通信设备发车时，必须得到助理值班员发车条件具备的报告
四、发车	9. 监视列车	（17）列车起动，通知接车站"×（次）、（×点）×（分）开"，并听取复诵				使用计算机报点系统时，填记"电子《行车日志》"
		（18）填写《行车日志》				
		（19）应答"好（了）"	（6）通过控制台，确认列车出站，口呼"×（次）出站"	（7）监视列车，于列车尾部越过发车地点，确认列车尾部标志后返回	（8）监视列车，确认列车尾部标志，外方扳道员（长）列车尾部越过最外方道岔后返回	信号员不能确认列车整列出站时，由扳道员确认并报告车站值班员
			（7）擦（划）掉占线板（簿）记载	（8）擦（划）掉占线板（簿）记载	（9）擦（划）掉占线板（簿）记载	
五、列车出发	10. 解锁进路	（20）通知信号员、扳道员"解锁进路"	（8）复诵"解锁进路"		（10）复诵"解锁进路"	连续使用同一进路发出列车时，道岔可不解锁

续表 3-11

程序	项目	车站值班员	信号员	助理值班员	扳道员（长）	备注
五、列车出发	10. 解锁进路	（21）听取信号员、扳道员报告后，应答"好（了）"	（9）按规定解锁进路后，向车站值班员汇报"进路解锁好（了）"		（11）按规定解锁进路后，向车站值班员汇报"进路解锁好（了）"	
	11. 报点	（22）向列车调度员报点"×（站）报点，×（次）、×（点）×（分）开"				使用计算机报点系统时，通过系统报点
	12. 接受到达通知	（23）复诵接车站列车到达电话记录	（10）摘下"区间占用"表示牌，揭挂"区间空闲"表示牌			
		（24）填写《行车日志》				使用计算机报点系统时，填记"电子《行车日志》"

② 部分道岔失去定反位表示发车。

办理要点：

a. 闭塞：电话闭塞；

b. 准备进路：未失去表示道岔正排调车进路或将进路上道岔单操至所需位置，接通光带检查确认正确（计算机联锁确认道岔开通位置正确）后单锁；失去表示的道岔现场加锁（需改变道岔位置时就地操纵至所需位置现场加锁）；

c. 行车凭证：路票；

d. 发给行车凭证的根据：抄收的停止基本闭塞法改按电话闭塞法行车的调度命令，接车站同意接车的电话记录号码。

表 3-12　部分道岔失去定反位表示发车作业程序及用语

程序	项目	车站值班员	信号员	助理值班员	扳道员（长）	备注
一、请求闭塞	1. 与列车调度员联系	（1）抄收停止基本闭塞法改按电话闭塞法行车的调度命令				
	2. 确认区间空闲	（2）根据《行车日志》及各种行车表示牌，确认区间空闲				

续表 3-12

程序	项目	车站值班员	信号员	助理值班员	扳道员(长)	备注
一、请求闭塞	2.确认区间空闲	（3）按列车运行计划核对车次、时刻、命令、指示				
		（4）请求闭塞"×（次）闭塞"				
	3.办理闭塞手续	（5）复诵接车站发出的电话记录				
		（6）填写《行车日志》				使用计算机报点系统时，填记"电子《行车日志》"
		（7）通知信号员、助理值班员"×（次）闭塞好（了）"，并听取复诵	（1）复诵"×（次）闭塞好（了）"。揭挂"区间占用"表示牌	（1）复诵"×（次）闭塞好（了）"		
二、准备进路	4.准备进路	（8）通知扳道员（长）"×号，检查×号道岔区段"			（1）复诵"×号，检查×号道岔区段"	
					（2）现场检查	
		（9）应答"×号道岔区段无异状"			（3）向车站值班员报告"×号，×号道岔区段无异状"	
		（10）通知信号员、扳道员（长）"停止影响进路的调车作业"，并听取报告	（2）复诵"停止影响进路的调车作业"。确认停止后报告"影响进路的调车作业已停止"		（4）复诵"×号，停止影响进路的调车作业"。确认停止后报告"×号，影响进路的调车作业已停止"	停止调车作业时机，按《站细》规定。无影响进路的调车作业时，此项作业省略
		（11）通知信号员、扳道员（长）"×号，×（次）、×道发车，准备进路"。听取复诵无误，命令"执行"	（3）复诵"×（次）、×道发车，准备进路"		（5）复诵"×号，×（次）、×道发车，准备进路"	

续表 3-12

程序	项目	车站值班员	信号员	助理值班员	扳道员（长）	备注
二、准备进路	4.准备进路	（12）听取报告、确认进路正确，应答"好（了）"	（4）未失去表示道岔，正排调车进路或将道岔单操至所需位置，接通光带确认正确（计算机联锁确认道岔开通位置正确）后单锁，口呼"×道发车进路好（了）"		（6）失去表示的道岔现场加锁（需改变道岔位置时就地操纵至所需位置现场加锁），双人确认正确后，报告"×号，×道发车进路好（了）"	
三、准备发车	5.办理凭证	（13）核对区间、车次、电话记录号码，填写路票				
		（14）与助理值班员核对调度命令、路票		（2）与车站值班员核对调度命令、路票		
		（15）核对正确无误后，加盖站名印				
	6.交付凭证	（16）将调度命令、路票交助理值班员，指示"×（次）、×道发车"，并听取复诵		（3）复诵"×（次）、×道发车"		
				（4）与扳道员（长）对道	（7）与助理值班员对道	
				（5）与司机核对路票无误后交付司机，并将调度命令交司机、运转车长		
四、发车	7.确认发车条件			（6）确认发车条件具备		
	8.发车			（7）按规定站在适当地点显示发车信号或向运转车长显示发车指示信号并应依式中转发车信号（使用列车无线调度通信设备发车时除外）		使用列车无线调度通信设备发车时，必须得到助理值班员发车条件具备的报告

续表 3-12

程序	项目	车站值班员	信号员	助理值班员	扳道员(长)	备注
四、发车	9.监视列车		（5）通过控制台监视信号及进路表示			
		（17）列车起动，通知接车站"×（次）、（×点）×（分）开"，并听取复诵				
		（18）填写《行车日志》				使用计算机报点系统时，填记"电子《行车日志》"
				（9）监视列车，于列车尾部越过发车地点，确认列车尾部标志，按规定显示互检信号后返回	（9）监视列车，确认列车尾部标志，外方扳道员（长）按规定显示互检信号，于列车尾部越过最外方道岔后返回	
五、列车出发	10.解锁进路	（19）应答"好（了）"	（6）通过控制台确认列车出站，口呼"×（次）出站"			
			（7）擦（划）占线板（簿）记载	（10）擦（划）占线板（簿）记载	（10）擦（划）占线板（簿）记载	
		（20）通知信号员、扳道员（长）"解锁进路"	（8）复诵"解锁进路"		（11）复诵"解锁进路"	连续使用同一进路发出列车时，道岔可不解锁
					（12）按规定解锁进路后，向车站值班员汇报"进路解锁好（了）"	
		（21）确认解锁正确后，应答"好（了）"	（9）按规定解锁进路后，向车站值班员汇报"进路解锁好（了）"			
	11.报点	（22）向列车调度员报点"×（站）报点，×（次）、（×点）×（分）开"				使用计算机报点系统时，通过系统报点

续表 3-12

程序	项目	车站值班员	信号员	助理值班员	扳道员（长）	备注
五、列车出发	12.接受到达通知	（23）复诵接车站列车到达电话记录	（10）摘下"区间占用"表示牌，揭挂"区间空闲"表示牌			
		（24）填写《行车日志》				使用计算机报点系统时，填记"电子《行车日志》"

任务 3　进站信号机故障接车作业

3.1　实训目标

通过实训，学生应能够掌握以下能力：
（1）能够正确判断故障现象并处理故障；
（2）能够正确办理引导进路开放引导信号或人工引导；
（3）能够正确办理车机联控；
（4）能够正确解锁进路；
（5）能够正确使用引导接车作业用语。

3.2　实训内容

1. 确定接车条件

通过教师设定的车站设备状态，判断进站信号机状态。当办理接车作业时，而信号机不能开放，发生异常，作业人员一般会做初步的判断或通知设备部门做出判断，进而确定能否正常接车。

2. 进行相应的设备故障处理程序的办理

当进站信号机故障时，有标准的设备故障的处理程序，以保证安全。因此，在此实训学生进行程序办理。

3. 办理引导接车

不同的进站信号机故障情况接车方法存在差异。如果是进站信号机不能开放进行信号、红灯能点亮的话，则进行引导进路锁闭方式接车；如果是进站信号机红灯不能点亮，则采用人工引导接车作业。因此,需要学生判断并选择正确的接车作业方法。

4. 确认引导接车

引导接车后的下一步工作就是进行对引导接车检查确认并加锁,其目的是保证接车正确,且符合进路与安全要求。

3.3 实训实例

1. 光明站

(1)故障情况:11:50 分,下行进站信号机黄灯灯丝断双丝,并且该设备一时难以修复。

阶段计划:23457 次列车 12:08 分到达,3 道接车。

请办理 23457 次列车接车作业。

(2)故障情况:8:30 分,下行进站信号机红灯灯丝双断,并且该设备一时难以修复。

阶段计划:8:40 分,K35 次列车到达,3 道接车。

请办理 K35 次列车接车作业。

(3)故障情况:8:00 分,上行进站信号机黄灯灯丝双断,并且该设备一时难以修复。

阶段计划:2144 次列车 8:10 分到达,4 道接车。

请办理 2144 次列车接车作业。

(4)故障情况:9:00 分,上行进站信号机红灯灯丝双断,,并且该设备一时难以修复。

阶段计划:2142 次列车 9:10 分到达,4 道接车。

请办理 2142 次列车接车作业。

2. 滨海站

(1)故障情况:11:50 分,上行进站信号机黄灯灯丝双断,并且该设备一时难以修复。

阶段计划:23458 次列车 12:08 分到达,4 道接车。

请办理 23458 次列车接车作业。

(2)故障情况:8:30 分,上行进站信号机红灯灯丝双断,并且该设备一时难以修复。

阶段计划:8:40 分,K36 次列车到达,4 道接车。

请办理 K36 次列车接车作业。

(3)故障情况:8:00 分,下行进站信号机黄灯灯丝双断,并且该设备一时难以修复。

阶段计划:2147 次列车 8:10 分到达,3 道接车。

请办理 2147 次列车接车作业。

(4)故障情况:9:00 分,下行进站信号机红灯灯丝双断,并且该设备一时难以修复。

阶段计划:2141 次列车 9:10 分到达,5 道接车。

请办理 2141 次列车接车作业。

3. 和平站

（1）故障情况：10:50 分，下行进站信号机黄灯灯丝双断，并且该设备一时难以修复。
阶段计划：33457 次列车 11:08 分到达，3 道接车。
请办理 33457 次列车接车作业。

（2）故障情况：8:30 分，下行进站信号机红灯灯丝双断，并且该设备一时难以修复。
阶段计划：8:40 分，K37 次列车到达，5 道接车。
请办理 K37 次列车接车作业。

（3）故障情况：11:50 分，上行进站信号机黄灯灯丝双断，并且该设备一时难以修复。
阶段计划：33458 次列车 12:08 分到达，4 道接车。
请办理 33458 次列车接车作业。

（4）故障情况：8:30 分，上行进站信号机红灯灯丝双断，并且该设备一时难以修复。
阶段计划：8:40 分，2236 次列车到达，6 道接车。
请办理 2236 次列车接车作业。

3.4 实训相关知识

1. 双线自动闭塞条件下

① 进站（接车进路）信号机灭灯接车。

办理要点：

a. 抄收列车调度员发布的准许使用引导手信号的调度命令；

b. 闭塞：正常；

c. 准备进路：正排调车进路或将进路上道岔单操至所需位置接通光带确认正确（计算机联锁确认道岔开通位置正确）后单锁；

d. 信号：引导手信号。

表 3-13 进站信号机（接车进路）灭灯接车作业程序及用语

程序	项目	车站值班员	信号员	助理值班员	引导员	备注
一、接受预告	1. 接受发车预告	（1）接受发车站预告并复诵"×（次）预告"				列车预告后，按《站细》规定通知有关人员
		（2）填写《行车日志》				使用计算机报点系统时，填记"电子《行车日志》"
	2. 准备接车	（3）按列车运行计划核对车次、时刻、命令、指示，必要时与列车调度员联系				

续表 3-13

程序	项目	车站值班员	信号员	助理值班员	引导员	备注
一、接受预告	2. 准备接车	（4）确定接车线				
		（5）通知信号员"×（次）预告"，并听取复诵	（1）复诵"×（次）预告"			
二、准备进路	3. 确认接车线	（6）复诵发车站开车通知"×（次）、（×点）×（分）开（通过）"				
		（7）填写《行车日志》				使用计算机报点系统时，填记"电子《行车日志》"
		（8）通知信号员、助理值班员"×（次）开过来（了），×道停车"，并听取复诵	（2）复诵"×（次）开过来（了），×道停车"，并填写占线板（簿）	（1）复诵"×（次）开过来（了），×道停车"，并填写占线板（簿）		
		（9）按《站细》规定通知有关人员				
		（10）通知信号员确认接车线路空闲"确认×道空闲"，并听取报告	（3）确认接车线路空闲后，报告"×道空闲"			
		（11）通知信号员"停止影响进路的调车作业"，并听取报告	（4）复诵"停止影响进路的调车作业"。确认停止后，报告"影响进路的调车作业已停止"			停止调车作业时机，按《站细》规定。无影响进路的调车作业时，此项作业省略
	4. 准备进路	（12）通知信号员"×方向、×（次）、×道停车，准备进路"。听取复诵无误后，命令"执行"	（5）复诵"×方向、×（次）、×道停车，准备进路"			
		（13）确认进路正确，应答"×道接车进路好（了）"	（6）正排调车进路，或将进路上道岔单操至所需位置，接通光带确认正确（计算机联锁确认道岔开通位置正确）后单锁，口呼"×道接车进路好（了）"			

续表 3-13

程序	项目	车站值班员	信号员	助理值班员	引导员	备注
三、引导接车	5. 引导接车	（14）向司机转达引导接车的调度命令				
		（15）通知引导员"×（次）、（×点）×（分）开过来（了），引导接车"。听取复诵无误后，命令"执行"			（1）复诵"×（次）、（×点）×（分）开过来（了），引导接车"	
	6. 列车接近		（7）通过控制台监视进路表示			计算机联锁设备的接近铃响为语音提示
		（16）应答"×（次）接近"	（8）第二（三）接近铃响、光带变红，口呼"×（次）接近"			
		（17）通知助理值班员"×（次）接近，×道接车"，并听取复诵		（2）复诵"×（次）接近，×道接车"		
	7. 接车				（2）站在规定的地点显示引导手信号	
				（3）到《站细》规定地点接车	（3）待列车头部越过引导地点后，收回引导手信号	
四、列车到达	8. 列车到达		（9）通过控制台监视进路及列车进站	（4）监视列车进站，于列车停妥后返回		
		（18）应答"好（了）"	（10）通过控制台确认列车整列进入接车线，口呼"×（次）到达"			
		（19）填写《行车日志》	（11）填写占线板（簿）	（5）填写占线板（簿）		使用计算机报点系统时，填记"电子《行车日志》"

89

续表 3-13

程序	项目	车站值班员	信号员	助理值班员	引导员	备注
四、列车到达	8.列车到达	（20）通知信号员"解锁进路"	（12）复诵"解锁进路"			
		（21）确认解锁正确，应答"好（了）"	（13）按规定解锁进路后，向车站值班员报告"进路解锁好（了）"			
	9.报点	（22）向列车调度员报点"×（站）报点，×（次）、（×点）×（分）到"				使用计算机报点系统时，通过系统报点

② 进站（接车进路）信号机故障，能显示红灯不能显示进行信号时接车。

办理要点：

a. 抄收列车调度员发布的准许使用引导信号的调度命令；

b. 闭塞：正常；

c. 准备进路：正排调车进路后取消调车信号或将进路上道岔单操至所需位置接通光带确认正确（计算机联锁确认道岔开通位置正确）；

d. 信号：引导信号。

表 3-14　进站（接车进路）信号机故障，能显示红灯不能显示进行信号时接车作业程序及用语

程序	项目	车站值班员	信号员	助理值班员	备注
一、接受预告	1.接受发车预告	（1）接受发车站预告并复诵"×（次）预告"			列车预告后，按《站细》规定通知有关人员
		（2）填写《行车日志》			使用计算机报点系统时，填记"电子《行车日志》"
	2.准备接车	（3）按列车运行计划核对车次、时刻、命令、指示，必要时与列车调度员联系			
		（4）确定接车线			
		（5）通知信号员"×（次）预告"，并听取复诵	（1）复诵"×（次）预告"		

续表 3-14

程序	项目	车站值班员	信号员	助理值班员	备注
二、准备进路开放引导信号	3.确认接车线	（6）复诵发车站开车通知"×（次）、（×点）×（分）开（通过）"			
		（7）填写《行车日志》			使用计算机报点系统时，填记"电子《行车日志》"
		（8）通知信号员、助理值班员"×（次）开过来（了），×道停车"，并听取复诵	（2）复诵"×（次）开过来（了），×道停车"，并填写占线板（簿）	（1）复诵"×（次）开过来（了），×道停车"，并填写占线板（簿）	
		（9）按《站细》规定通知有关人员			
		（10）通知信号员确认接车线路空闲"确认×道空闲"，并听取报告	（3）确认接车线路空闲后，报告"×道空闲"		
		（11）通知信号员"停止影响进路的调车作业"，并听取报告	（4）复诵"停止影响进路的调车作业"。确认停止后，报告"影响进路的调车作业已停止"		停止调车作业时机，按《站细》规定。无影响进路的调车作业时，此项作业省略
	4.准备进路	（12）通知信号员"×（次）、×道停车，准备进路"。听取复诵无误后，命令："执行"	（5）复诵"×（次）、×道停车，准备进路"		
		（13）确认进路正确，应答"×道接车进路好（了）"	（6）正排调车进路后取消调车信号或将道岔单操至所需位置接通光带确认进路正确（计算机联锁确认道岔开通位置正确），口呼"×道接车进路好（了）"		
	5.开放引导信号	（14）向司机转达引导接车的调度命令			
		（15）在《行车设备检查登记簿》上进行破封登记			
		（16）通知信号员"开放×道引导信号"，并听取复诵无误后，命令"执行"	（7）复诵"开放×道引导信号"		

续表 3-14

程序	项目	车站值班员	信号员	助理值班员	备注
二、准备进路开放引导信号	5.开放引导信号	（17）确认引导信号正确，应答"×道引导信号好（了）"	（8）破封并按下（点击）引导按钮，确认进路光带正确、引导信号开放后，口呼"×道引导信号好（了）"		
三、接车	6.列车接近	（18）再次确认信号正确，应答"×（次）接近"	（9）通过控制台监视信号及进路表示 （10）第二（三）接近铃响、光带变红，再次确认信号开放正确，口呼"×（次）接近"		计算机联锁设备的接近铃响为语音提示
		（19）通知助理值班员"×（次）接近，×道接车"，并听取复诵		（2）复诵"×（次）接近，×道接车"	
	7.接车			（3）到《站细》规定地点接车	
			（11）通过控制台监视进路、信号及列车进站	（4）监视列车进站，于列车停妥后返回	
		（20）应答"好（了）"	（12）通过控制台确认列车整列进入接车线，口呼"×（次）到达"		
四、列车到达	8.列车到达	（21）填写《行车日志》	（13）填写占线板（簿）	（5）填写占线板（簿）	使用计算机报点系统时，填记"电子《行车日志》"
		（22）在《行车设备检查登记簿》上进行破封登记			
		（23）通知信号员"解锁进路"	（14）复诵"解锁进路"		
		（24）确认解锁正确，应答"好（了）"	（15）按规定解锁进路后，向车站值班员报告"进路解锁好（了）"		
	9.报点	（25）向列车调度员报点"×（站）报点，×（次）、（×点）×（分）到"			使用计算机报点系统时，通过系统报点

2. 单线半自动闭塞条件下

本情况是指进站信号机故障，能显示红灯不能显示进行信号的条件下接入列车。

办理要点：

a. 抄收列车调度员发布的准许使用引导信号接车的调度命令；

b. 闭塞：正常；

c. 准备进路：正排调车进路后取消调车信号或将进路上道岔单操至所需位置接通光带确认正确（计算机联锁确认道岔开通位置正确）；

d. 信号：引导信号。

表 3-15　进站信号机故障，能显示红灯不能显示进行信号接车作业程序及用语

程序	项目	车站值班员	信号员	助理值班员	扳道员(长)	引导员	备注
一、承认闭塞	1.确认区间空闲	（1）听取发车站闭塞请求					
		（2）根据闭塞表示灯、《行车日志》及各种行车表示牌，确认区间空闲					
		（3）按列车运行计划核对车次、时刻、命令、指示					
	2.办理闭塞手续	（4）同意闭塞"同意×(次)闭塞"					办理闭塞后，按《站细》规定通知有关人员
		（5）通知信号员"办理×(次)闭塞"，并听取复诵	（1）复诵"办理×(次)闭塞"				
		（6）应答"×(次)闭塞好(了)"	（2）一听铃响，二看黄灯、三按闭塞按钮、四确认绿色灯光，口呼"×(次)闭塞好(了)"				
		（7）填写《行车日志》					使用计算机报点系统时，填记"电子《行车日志》"
		（8）必要时与列车调度员核对车次、了解列车停、通、会作业时间等					

续表 3-15

程序	项目	车站值班员	信号员	助理值班员	扳道员（长）	引导员	备注
一、承认闭塞手续	2.办理闭塞手续	（9）确定接车线					
		（10）通知信号员、助理值班员"×（次）、×道停车"，并听取复诵	（3）复诵"×（次）、×道停车"，并填写占线板（簿）	（1）复诵"×（次）、×道停车"，并填写占线板（簿）			
二、准备进路	3.听取开车通知	（11）复诵发车站开车通知"×（次）、（×点）×（分）开（通过）"					使用计算机报点系统时，填记"电子《行车日志》"
		（12）填写《行车日志》					
		（13）通知信号员、助理值班员"×（次）开过来（了）"，并听取复诵	（4）复诵"×（次）开过来（了）"，并填写占线板（簿）	（2）复诵"×（次）开过来（了）"，填写占线板（簿）			
	4.确认接车线	（14）通知信号员"确认×道空闲"，并听取报告	（5）确认接车线路空闲后，口呼"×道空闲"				
		（15）通知信号员："停止影响进路的调车作业"，并听取报告。	（6）复诵"停止影响进路的调车作业"。确认停止后报告"影响进路的调车作业已停止"				停止调车作业时机，按《站细》规定。无影响进路的调车作业时，此项作业省略
	5.准备进路	（16）通知信号员"×（次）、×道停车，准备进路"。听取复诵无误后，命令"执行"	（7）复诵"×（次）、×道停车，准备进路"				

续表 3-15

程序	项目	车站值班员	信号员	助理值班员	扳道员（长）	引导员	备注
二、准备进路	5.准备进路	（17）确认进路正确，应答"×道接车进路好（了）"	（8）正排调车进路后取消调车信号或将道岔单操至所需位置，接通光带确认进路正确（计算机联锁确认道岔开通位置正确），口呼"×道接车进路好（了）"				
三、开放引导信号	6.开放引导信号	（18）向司机转达引导接车的调度命令					
		（19）在《行车设备检查登记簿》上进行破封登记					
		（20）通知信号员"开放×道引导信号"。听取复诵无误后，命令"执行"	（9）复诵"开放×道引导信号"				
		（21）确认引导信号正确后，应答"×道引导信号好（了）"	（10）破封并按下（点击）引导按钮，确认进路光带正确、引导信号开放后，口呼"×道引导信号好（了）"				
四、接车	7.列车接近		（11）通过控制台监视信号及进路表示				
		（22）次确认信号正确，应答"×（次）接近"	（12）接近铃响、光带（表示灯）变红，再次确认信号开放正确，口呼"×（次）接近"				计算机联锁设备的接近铃响为语音提示
		（23）知助理值班员"×（次）接近，×道接车"，并听取复诵		（3）复诵"×（次）接近，×道接车"			
	8.接车			（4）再次确认接车线路空闲，到《站细》规定地点接车			

续表 3-15

程序	项目	车站值班员	信号员	助理值班员	扳道员(长)	引导员	备注
五、列车到达	9.列车到达		（13）通过控制台监视进路、信号及列车进站				
		（24）答"好（了）"	（14）通过控制台确认列车整列进入接车线，口呼"×（次）到达"	（5）监视列车进站，于列车停妥后返回			
		（25）填写《行车日志》	（15）填写占线板（簿）	（6）填写占线板（簿）			使用计算机报点系统时，填记"电子《行车日志》"
		（26）在《行车设备检查登记簿》上进行破封登记					
		（27）通知信号员"解锁进路"	（16）复诵"解锁进路"				
		（28）确认解锁正确后，回答"好（了）"	（17）按规定解锁进路后，向车站值班员汇报"进路解锁好（了）"				
		（29）向列车调度员报点"×站报点，×（次）、（×点）×（分）到"					使用计算机报点系统时，通过系统报点
	10.开通区间	（30）请求并抄收使用故障按钮的调度命令					
		（31）在《行车设备检查登记簿》上进行破封登记					
		（32）通知信号员"调度命令×号，办理×（站）区间故障复原"，并听取复诵	（18）复诵"调度命令×号，办理×（站）区间故障复原"				
		（33）应答"好（了）"	（19）破封使用故障按钮办理故障复原。口呼"×（站）区间复原"				
	11.报点	（34）通知发车站"×（次）、（×点）×（分）到"，并听取复诵					

任务4　出站信号机故障发车作业

4.1　实训目标

通过本次实训，学生应能够达到以下能力：
（1）能够正确判断故障现象及处理故障；
（2）能够正确选择闭塞方法办理闭塞；
（3）能够正确准备无联锁发车进路；
（4）能够正确选用行车凭证并填写凭证；
（5）能够正确交付凭证、发车；
（6）能够正确解锁发车进路。

4.2　实训内容

1. 确定发车条件

通过教师设定的车站设备状态和运行计划，确定不同性质列车需要的信号状态和条件。当车站信号机故障不能开放时，作业人员一般会做初步的判断或通知设备部门做出判断，进而确定能否正常发车。

2. 设计发车方案

发车方案是指导整个实训项目实施的全盘计划，包括列车性质、信号机状态、闭塞方法、行车凭证、办理方法、人员安排、安全要求等内容。

3. 办理发车作业

办理发车作业是实施计划与决策方案的过程。在办理出站信号机故障发车作业时，一般由车站值班员办理闭塞、布置进路、填写行车凭证；助理值班员负责现场交付凭证、开放发车表示器、手信号显示，信号员负责控制台上进路准备。车站值班员进行指导、监督、检查。

4. 确认发车作业

办理发车作业后的下一步工作就是对发车作业进行检查确认是否正确，且符合列车要求与安全要求。

4.3 实训实例

1. 光明站

（1）故障现象：6:10分，4道上行出站信号机不能开放，并且该设备一时难以修复。
阶段计划：4道停有42148次列车，6:20开。
请办理42148次列车发车作业。

（2）故障现象：8:10分，3道下行出站信号机不能开放，并且该设备一时难以修复。
阶段计划：3道停有2347次列车，8:20开。
请办理2347次列车发车作业。

2. 滨海站

（1）故障现象：7:25分，5道下行出站信号机不能开放，并且该设备一时难以修复。
阶段计划：5道停有23465次列车，7:40开。
请办理23465次列车发车作业。

（2）故障现象：8:30分，4道上行出站信号机不能开放，并且该设备一时难以修复。
阶段计划：4道停有K46次列车，8:40开。
请办理K46次列车发车作业。

3. 光明站

（1）故障现象：7:30分，3道上行出站信号机不能开放，并且该设备一时难以修复。
阶段计划：3道停有45678次列车，7:40开。
请办理45678次列车发车作业。

（2）故障现象：8:40分，5道下行出站信号机不能开放，并且该设备一时难以修复。
阶段计划：5道停有34567次列车，8:40开。
请办理34567次列车发车作业。

4.4 实训相关知识

1. 双线自动闭塞条件下

发车条件：本情况是指出站信号机故障不能开放的条件下发出列车。
办理要点：
a. 闭塞：正常；
b. 准备进路：正排调车进路或将道岔单操至所需位置，接通光带确认正确（计算机联锁确认道岔开通位置正确）后单锁；
c. 行车凭证：绿色许可证；
d. 发给行车凭证的根据：三显示区段为监督器表示第一个闭塞分区空闲，不表示时为接到列车到达邻站的通知或前次列车发出后不少于 10 min 的时间；四显示区段为监督器表示第一个闭塞分区空闲,不表示时为接到列车到达邻站的通知或前次列车发出后不少于 10 min 的时间。

表 3-16 双线自动闭塞区段出站信号机故障的情况下发车作业程序及用语

程序	项目	车站值班员	信号员	助理值班员	备注
一、预告发车	1.发车预告	(1)向接车站发出"×(次)预告",并听取复诵			
		(2)填写《行车日志》			使用计算机报点系统时,填记"电子《行车日志》"
二、准备进路	2.准备进路	(3)通知信号员"停止影响进路的调车作业",并听取报告	(1)复诵"停止影响进路的调车作业"。确认停止后,报告"影响进路的调车作业已停止"		停止调车作业时机,按《站细》规定。无影响进路的调车作业时,此项作业省略
		(4)通知信号员"×(次)、×道发车,准备进路",并听取复诵无误后,命令"执行"	(2)复诵"×(次)、×道发车,准备进路"		
		(5)确认进路正确,应答"×道发车进路好(了)"	(3)正排调车进路或将道岔单操至所需位置,接通光带确认正确(计算机联锁确认道岔开通位置正确)后单锁,口呼"×道发车进路好(了)"		
三、准备发车	3.办理凭证	(6)通过监督器表示状态,确认发车条件			
		(7)填写绿色许可证			
		(8)与助理值班员核对绿色许可证		(1)与车站值班员核对绿色许可证	
		(9)核对正确无误后,签名并加盖站名印			
	4.准备发车	(10)将绿色许可证交助理值班员并指示"×(次)、×道发车",并听取复诵		(2)复诵"×(次)、×道发车"	
				(3)与司机核对绿色许可证确认无误后交付司机	

续表 3-16

程序	项目	车站值班员	信号员	助理值班员	备注
四、发车	5. 确认发车条件			（4）确认旅客上下、行包装卸和列检作业完了	其他发车条件的确认，按《站细》规定。动车组发车时，无此项作业
	6.（指示）发车			（5）按规定站在适当地点显示发车信号（使用列车无线调度通信设备发车时除外）	使用列车无线调度通信设备发车时，必须得到助理值班员发车条件具备的报告。动车组发车时，无此项作业
五、列车出发	7. 监视列车	（11）列车起动，通知接车站"×（次）、（×点）×（分）开"，并听取复诵			
		（12）填写《行车日志》	（4）通过控制台监视进路及列车出站	（6）监视列车，于列车尾部越过发车地点，确认列车尾部标志后返回	使用计算机报点系统时，填记"电子《行车日志》"
		（13）应答"好（了）"	（5）通过控制台确认列车整列出站，口呼"×（次）出站"		
			（6）擦（划）掉占线板（簿）记载	（7）擦（划）掉占线板（簿）记载	
		（14）通知信号员"解锁进路"	（7）复诵"解锁进路"		
		（15）确认解锁正确后，应答"好（了）"	（8）按规定解锁进路后，向车站值班员报告"进路解锁好（了）"		
	8. 报点	（16）向列车调度员报点"×（站）报点，×（次）、（×点）×（分）开"			使用计算机报点系统时，通过系统报点

2. 单线半自动闭塞条件下

发车条件：本情况是指出站信号故障不能开放的条件下发出列车。

办理要点：

a. 闭塞：电话闭塞；

b. 准备进路：正排调车进路或将道岔单操至所需位置，接通光带确认正确（计算机联锁确认道岔开通位置正确）后单锁；

c. 行车凭证：路票；

d. 发给行车凭证的根据：抄收停止基本闭塞法改按电话闭塞法行车的调度命令；接车站同意接车的电话记录号码。

表 3-17 出站信号机故障发车作业程序及用语

程序	项目	车站值班员	信号员	助理值班员	备注
一、请求闭塞	1. 与列车调度员联系	（1）请求并抄收停止基本闭塞法改用电话闭塞法行车的调度命令			
	2. 确认区间空闲	（2）根据闭塞表示灯、《行车日志》及各种行车表示牌，确认区间空闲			
		（3）按列车运行计划，核对车次、时刻、命令、指示			
		（4）请求闭塞"×（次）闭塞"			
	3. 办理闭塞	（5）复诵接车站发出的电话记录			
		（6）填写《行车日志》			使用计算机报点系统时，填记"电子《行车日志》"
		（7）通知信号员"×（次）闭塞好（了）"，并听取复诵	（1）复诵"×（次）闭塞好（了）"，揭挂"区间占用"表示牌		
二、准备进路	4. 准备进路	（8）通知信号员"停止影响进路的调车作业"，并听取报告	（2）复诵"停止影响进路的调车作业"。确认停止后报告"影响进路的调车作业已停止"		停止调车作业时机，按《站细》规定。无影响进路的调车作业时，此项作业省略

101

续表 3-17

程序	项目	车站值班员	信号员	助理值班员	备注
二、准备进路	4. 准备进路	（9）通知信号员"×（次）、×道发车，准备进路"。听取复诵无误后，命令"执行"	（3）复诵"×（次）、×道发车，准备进路"		
		（10）确认正确后，应答"×道发车进路好（了）"	（4）正排调车进路或将道岔单操至所需位置，接通光带确认正确（计算机联锁确认道岔开通位置正确）后单锁，口呼"×道发车进路好（了）"		
三、准备发车	5. 办理凭证	（11）核对区间、车次、电话记录号码，填写路票			
		（12）与助理值班员核对调度命令、路票		（1）与车站值班员核对调度命令、路票	
		（13）核对正确无误后，加盖站名印			
	6. 交付凭证	（14）将调度命令、路票交助理值班员，指示"×（次）×道发车"，并听取复诵		（2）复诵"×（次）×道发车"	
				（3）与司机核对路票无误后交付司机，并将调度命令交司机	
				（4）确认发车条件具备	
四、发车	7. 发车			（5）按规定站在适当地点显示发车信号（使用列车无线调度通信设备发车时除外）	使用列车无线调度通信设备发车时，必须得到助理值班员发车条件具备的报告
	8. 发出列车	（15）列车起动，通知接车站"×（次）、（×点）×（分）开"，并听取复诵			
		（16）填写《行车日志》			使用计算机报点系统时，填记"电子《行车日志》"
		（17）应答"好（了）"	（5）通过控制台确认列车整列出站，口呼"×（次）出站"	（6）监视列车，于列车尾部越过发车地点，确认列车尾部标志后返回	

续表 3-17

程序	项目	车站值班员	信号员	助理值班员	备注
五、列车出发	9.解锁进路		（6）擦（划）掉占线板（簿）记载	（7）擦（划）掉占线板记载	
		（18）通知信号员"解锁进路"	（7）复诵"解锁进路"。		
		（19）确认解锁正确后，回答"好（了）"	（8）按规定解锁进路后，向车站值班员汇报"进路解锁好（了）"		
	10.报点	（20）向列车调度员报点："×（站）报点，×（次）、×（点）×（分）开"			使用计算机报点系统时，通过系统报点
	11.开通区间	（21）复诵接车站列车到达电话记录	（9）摘下"区间占用"表示牌，揭挂"区间空闲"表示牌		
		（22）填写《行车日志》			使用计算机报点系统时，填记"电子《行车日志》"

任务5　双线反方向或改按单线接车作业

5.1　实训目标

通过实训，学生应能够掌握以下能力：
（1）运行条件发生变化时的处理程序；
（2）分析双线反方向或改按单线接车条件；
（3）能够与邻站办理电话闭塞；
（4）能够正确布置与准备接车进路；
（5）能够按规定开放进站信号（引导信号）；
（6）能够正确填写运统-46。

5.2　实训内容

1. 分析双线反方向或改按单线接车条件

通过教师设定的条件，当双线改按单线接车时，需要判断接车的车站是正方向接车还是反方向接车。如果是正方向接车，则闭塞方式不变，正常地排列进路、开放信号；如果是反方向接车，则双线改单线接车与双线反方向接车是一样的接车方法：
（1）双线双向闭塞设备（反方向闭塞设备作用良好）的车站，则按站间闭塞法行车；
（2）双线单向闭塞设备的车站和双线双向闭塞设备（反方向闭塞设备故障时）的车站，则停止基本闭塞法改按电话闭塞法行车。

2. 确定运行条件和接车方式

根据双线反方向或改按单线接发列车条件确定运行条件变化处理程序和接车方式。

3. 办理接车作业

按运行条件变化处理程序进行处理并分角色按非正常接发列车作业程序和作业用语正确办理接车作业。

4. 检查接车作业实施过程

办理接车作业后的下一步工作就是进行对接车作业检查确认是否正确，且符合进路与安全要求。教师检查学生接车作业实施过程并对作业过程中出现的问题进行纠正。

5.3 实训实例

1. 光明站

（1）阶段计划：23457 次列车 12:08 分到达。
运行条件发生变化情况：23457 次列车按调度员指示，办理反方向列车运行。
请办理 23457 次列车接车作业。
（2）阶段计划：8:40 分，K35 次列车到达。
运行条件发生变化情况：光明—和平区间下行方向正线施工。
请办理 K35 次列车接车作业。

2. 滨海站

（1）阶段计划：23458 次列车 12:08 分到达。
运行条件发生变化情况：23458 次列车按调度员指示，办理反方向列车运行。
请办理 23458 次列车接车作业。
（2）阶段计划：8:40 分，K36 次列车到达。
运行条件发生变化情况：滨海—和平区间上行方向正线发生行车事故中断行车。
请办理 K36 次列车接车作业。

3. 和平站

（1）阶段计划：33457 次列车 11:08 分到达。
运行条件发生变化情况：滨海—和平区间下行方向正线发生行车事故中断行车。

请办理 33457 次列车接车作业。

（2）阶段计划：33458 次列车 12:08 分到达。

运行条件发生变化情况：光明—和平区间上行方向正线发生行车事故中断行车。

请办理 33458 次列车接车作业。

5.4 实训相关知识

1. 运行条件发生变化处理程序

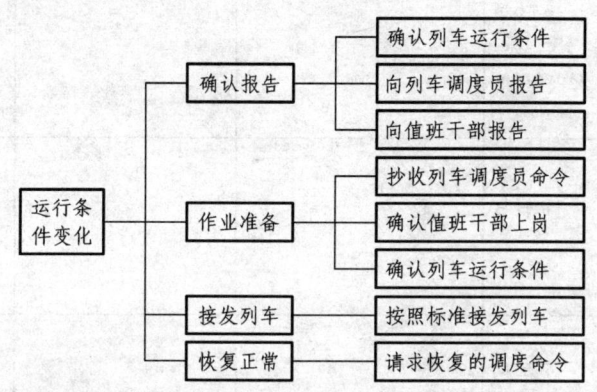

图 3-2 运行条件发生变化的处理程序

2. 上行反方向或改按单线接车作业程序

办理要点：

a. 抄收列车调度员发布的停止基本闭塞法改按电话闭塞法行车和准许使用引导手信号接车的调度命令；

b. 闭塞：电话闭塞；

c. 准备进路：正排调车进路或将道岔单操至所需位置，接通光带确认正确（计算机联锁确认道岔开通位置正确）后单锁；

d. 信号：引导手信号。

表 3-18 反方向接车作业程序及用语

程序	项目	车站值班员	信号员	助理值班员	引导员	备注
一、承认闭塞	1.确认区间空闲	（1）听取发车站请求闭塞				首列使用电话闭塞法时，核对由基本闭塞法改用电话闭塞法的调度命令

续表 3-18

程序	项目	车站值班员	信号员	助理值班员	引导员	备注
一、承认闭塞	1.确认区间空闲	（2）根据《行车日志》及各种表示牌，确认区间空闲				
		（3）按列车运行计划核对车次、时刻、命令、指示				
		（4）确定接车线				
		（5）发出电话记录"×号,(×点)×(分)同意反方向×(次)闭塞"				列车闭塞后，按《站细》规定通知有关人员
	2.办理闭塞手续	（6）填写《行车日志》				使用计算机报点系统时，填记"电子《行车日志》"
		（7）口呼"反方向×(次)闭塞好(了)"	（1）应答"反方向×(次)闭塞好(了)"。揭挂"区间占用"表示牌			
		（8）通知信号员、助理值班员、引导员"反方向×(次)闭塞，×道停车"，并听取复诵	（2）复诵"反方向×(次)闭塞，×道停车"，并填写占线板(簿)	（1）复诵"反方向×(次)闭塞，×道停车"，并填写占线板(簿)	（1）复诵"反方向×(次)闭塞，×道停车"	
二、准备进路	3.检查接车线	（9）通知信号员确认接车线空闲"确认×道空闲"。并听取报告	（3）复诵"确认×道空闲"，确认接车线路空闲后，报告"×道空闲"			
		（10）复诵发车站开车通知"×(次)、(×点)×(分)开(通过)"				
		（11）通知信号员、助理值班员、引导员"×(次)开过来(了)"	（4）复诵："×(次)开过来(了)"	（2）复诵"×(次)开过来(了)"	（2）复诵"×(次)开过来(了)"	
		（12）填写《行车日志》				使用计算机报点系统时，填记"电子《行车日志》"
		（13）按《站细》规定通知有关人员				

续表 3-18

程序	项目	车站值班员	信号员	助理值班员	引导员	备注
二、准备进路	4. 准备进路	（14）通知信号员"停止影响进路的调车作业"，并听取报告	（5）复诵"停止影响进路的调车作业"。确认停止后，报告"影响进路的调车作业已停止"			停止调车作业时机，按《站细》规定。无影响进路的调车作业时，此项作业省略
		（15）通知信号员"反方向×（次）、×道停车，准备进路"。听取复诵无误命令"执行"	（6）复诵"反方向×（次）、×道停车，准备进路"			
		（16）确认进路正确，应答"反方向×道接车进路好（了）"	（7）正排调车进路或将道岔单操至所需位置，接通光带确认正确（计算机联锁确认道岔开通位置正确）后单锁，口呼"反方向×道接车进路好（了）"			
		（17）向司机转达引导接车的调度命令				
三、引导接车	5. 引导接车	（18）通知引导员"反方向×（次）、（×点）×（分）开过来（了），引导接车"。听取复诵无误后，命令"执行"			（3）复诵"反方向×（次）、（×点）×（分）开过来（了），引导接车"	
			（8）通过控制台监视进路表示		（4）到规定地点，显示引导手信号	
	6. 列车接近	（19）应答"×（次）接近"	（9）列车接近时，报告"×（次）接近"			
		（20）通知助理值班员"×（次）接近，×道接车"，并听取复诵		（3）复诵"×（次）接近，×道接车"		

续表 3-18

程序	项目	车站值班员	信号员	助理值班员	引导员	备注
三、引导接车	7.接车			（4）到《站细》规定地点接车 （5）监视列车进站，于列车停妥后返回	（5）待列车头部越过引导地点后，收回引导手信号	
四、列车到达	8.列车到达		（10）通过控制台监视进路、信号及列车进站			
		（21）应答"好(了)"	（11）通过控制台确认列车整列进入接车线，口呼"×（次）到达"			
		（22）向发车站发出电话记录"×号，×（次）、（×点）×（分）到"，并听取复诵	（12）填写占线板(簿)	（6）填写占线板(簿)		
		（23）填写《行车日志》				使用计算机报点系统时，填记"电子《行车日志》"
		（24）通知信号员"解锁进路"	（13）复诵"解锁进路"			
		（25）确认解锁正确后，应答"好（了)"	（14）按规定解锁进路后，向车站值班员报告"进路解锁好（了)"			
			（15）摘下"区间占用"表示牌。揭挂"区间空闲"表示牌			
	9.报点	（26)向列车调度员报点"×（站）报点，×（次）、（×点）×（分）到"				使用计算机报点系统时，通过系统报点

任务6 双线反方向发车作业

6.1 实训目标

通过实训，学生应能够掌握以下能力：
（1）分析双线反方向发车条件；
（2）能够与邻站办理电话闭塞；
（3）能够正确布置与准备发车进路；
（4）能够正确及时填写路票、交付路票与调度命令；
（5）能够正确填写运统-46。

6.2 实训内容

1. 分析双线反方向发车条件

通过教师设定的条件，当双线反方向发车时，行车闭塞法是否改变分两种情况：
（1）双线双向闭塞设备的车站，则改按站间闭塞法行车；
（2）双线单向闭塞设备的车站，则停止基本闭塞法改按电话闭塞法行车。

2. 确定运行条件和发车方式

根据双线反方向发车条件确定运行条件变化处理程序和发车方式。

3. 办理发车作业

按运行条件变化处理程序进行处理并分角色按非正常接发列车作业程序和作业用语正确办理发车作业。

4. 检查发车作业实施过程

办理发车作业后的下一步工作就是进行对发车作业检查确认是否正确，且符合进路与安全要求。教师检查学生发车作业实施过程并对作业过程中出现的问题进行纠正。

6.3 实训实例

1. 光明站

阶段计划：4道停有42148次列车，6:20开。
运行条件发生变化情况：光明—和平区间上行正线由于行车事故中断运行。
请办理42148次列车发车作业。

2. 滨海站

阶段计划：5道停有23465次列车，7:40开。

运行条件发生变化情况：滨海—和平区间下行正线由于行车事故中断运行。

请办理23465次列车发车作业。

3. 和平站

（1）阶段计划：3道停有45678次列车，7:40开。

运行条件发生变化情况：滨海—和平区间上行正线由于行车事故中断运行。

请办理45678次列车发车作业。

（2）阶段计划：5道停有34567次列车，8:40开。

运行条件发生变化情况：光明—和平区间下行正线由于行车事故中断运行。

请办理34567次列车发车作业。

6.4 实训相关知识

本情况是指无反方向闭塞设备或反方向设备故障时反方向发出列车。

办理要点：

a. 抄收列车调度员发布的停止基本闭塞法改按电话闭塞法行车的调度命令；

b. 闭塞：电话闭塞；

c. 准备进路：正排调车进路或将道岔单操至所需位置，接通光带确认正确（计算机联锁确认道岔开通位置正确）后单锁；

d. 行车凭证：路票；

e. 发给行车凭证的根据：抄收列车调度员发布的停止基本闭塞法改按电话闭塞法行车的调度命令；接车站同意接车的电话记录号码。

表3-19 反方向发车作业程序及用语

程序	项目	车站值班员	信号员	助理值班员	扳道员（长）	备注
一、办理区间闭塞	1.确认区间空闲	（1）根据《行车日志》及各种行车表示牌，确认区间空闲				首列使用电话闭塞法时，核对由基本闭塞法改用电话闭塞法的调度命令
		（2）按列车运行计划，核对车次、时刻、命令、指示（接车时已核对的除外）				

续表 3-19

程序	项目	车站值班员	信号员	助理值班员	扳道员（长）	备注
一、办理闭塞	2. 办理闭塞手续	（3）请求闭塞"反方向×（次）闭塞"				
		（4）复诵接车站发出的电话记录				
		（5）填写《行车日志》				使用计算机报点系统时，填记"电子《行车日志》"
		（6）通知信号员、助理值班员"反方向×（次）闭塞好（了）"	（1）复诵"反方向×（次）闭塞好（了）"。揭挂"区间占用"表示牌	（1）复诵"反方向×（次）闭塞好（了）"		
二、准备进路	3. 准备进路	（7）通知信号员"停止影响进路的调车作业"，并听取报告	（2）复诵"停止影响进路的调车作业"。确认停止后，报告"影响进路的调车作业已停止"			停止调车作业时机，按《站细》规定。无影响进路的调车作业时，此项作业省略
		（8）通知信号员"×（次）×道反方向发车，准备进路"。听取复诵无误后命令"执行"	（3）复诵"×（次）×道反方向发车，准备进路"			
		（9）确认发车进路正确，应答"×道反方向发车进路好（了）"	（4）正排调车进路或将道岔单操至所需位置，接通光带确认正确（计算机联锁确认道岔开通位置正确）后单锁，口呼"×道反方向发车进路好（了）"			
三、准备发车	4. 办理凭证		（5）通过控制台监视信号及进路表示			
		（10）核对车次、区间、电话记录号码，填写路票，加盖"反方向行车"章				
		（11）与助理值班员核对调度命令、路票		（2）与车站值班员核对调度命令、路票		

续表 3-19

程序	项目	车站值班员	信号员	助理值班员	扳道员（长）	备注
三、准备发车	4.办理凭证	（12）核对正确无误，加盖站名印				
		（13）将调度命令、路票交助理值班员，指示"×（次）、×道反方向发车"		（3）复诵"×（次）、×道反方向发车"		
	5.交付凭证			（4）与司机核对路票，确认正确后交付司机，并将调度命令交付司机、运转车长		
	6.确认发车条件			（5）确认旅客上下、行包装卸和列检作业完了		其他发车条件的确认，按《站细》规定。动车组发车时，无此项作业
四、发车	7.（指示）发车			（6）按规定站在适当地点显示发车信号或向运转车长显示发车指示信号并应依式中转发车信号（使用列车无线调度通信设备发车时除外）		使用列车无线调度通信设备发车时，必须得到助理值班员发车条件具备的汇报。动车组发车时，无此项作业
	8.监视列车	（14）列车起动，通知接车站"×（次）、（×点）（×分）开"，并听取复诵				
		（15）填写《行车日志》				使用计算机报点系统时，填记"电子《行车日志》"
			（6）通过控制台监视进路、列车出站	（7）监视列车，于列车尾部越过发车地点，确认列车尾部标志后返回		
		（16）应答"好（了）"	（7）通过控制台确认列车整列出站，口呼"×（次）出站"			

续表 3-19

程序	项目	车站值班员	信号员	助理值班员	扳道员（长）	备注
五、列车出发	9. 解锁进路	（17）通知信号员"解锁进路"	（8）复诵"解锁进路"			
		（18）确认解锁正确后，应答"好（了）"	（9）按规定解锁进路后，向车站值班员报告"进路解锁好（了）"			
			（10）擦（划）掉占线板（簿）			
	10. 报点	（19）向列车调度员报点"×（站）报点，×（次）、（×点）×（分）开"				使用计算机报点系统时，通过系统报点
	11. 接受到达通知	（20）复诵接车站列车到达电话记录				
		（21）填写《行车日志》				使用计算机报点系统时，填记"电子《行车日志》"
			（11）摘下"区间占用"表示牌。揭挂"区间空闲"表示牌			

参考资料

[1] 中国铁路总公司. 铁路技术管理规程（普速铁路部分）[M]. 北京：中国铁道出版社，2014.

[2] 中国铁路总公司. 接发列车作业标准[M]. 北京：中国铁道出版社，2009.

[3] 北京铁路局. 非正常接发列车作业[M]. 2010.

[4] 韩买良，武凤时，郑松富. 非正常情况接发列车及演练[M]. 北京：中国铁道出版社，2011.

[5] 李慧玲，贾润. 铁路接发列车作业[M]. 北京：中国财富出版社，2013.

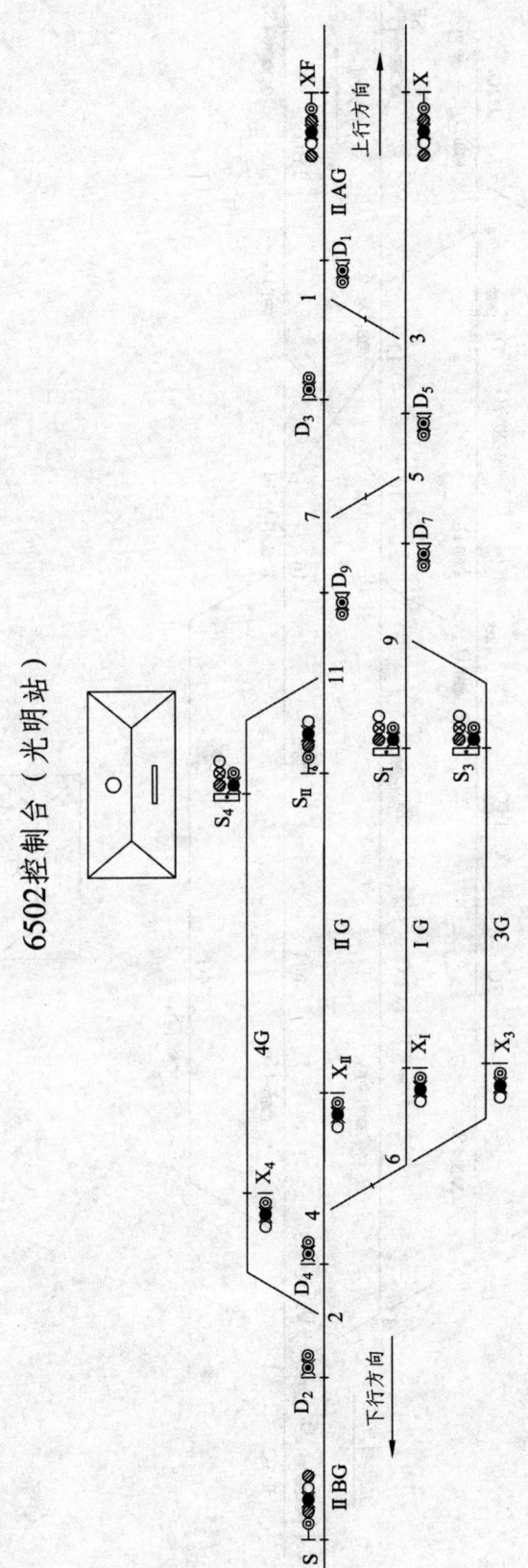

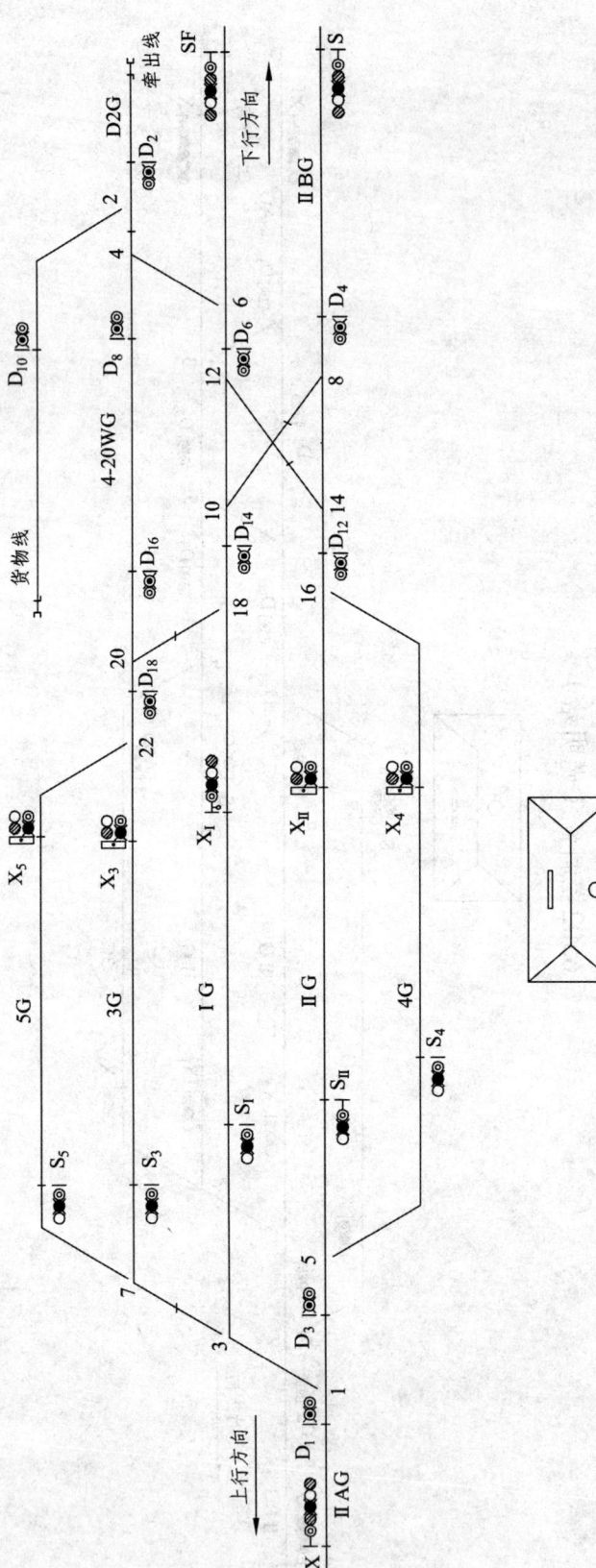